DU MÊME AUTEUR

Aux Éditions Gallimard

LA BLOUSE ROUMAINE, *roman.*

EN TOUTE INNOCENCE, *roman* (Folio, *n° 3502*).

À VOUS, *roman.*

JOUIR, *roman* (Folio, *n° 3271*).

LE PROBLÈME AVEC JANE, *roman* (Folio, *n° 3501*).

LA HAINE DE LA FAMILLE, *roman* (Folio, *n° 3725*).

CONFESSIONS D'UNE RADINE

CATHERINE CUSSET

CONFESSIONS D'UNE RADINE

nrf

GALLIMARD

À Vlad,
à Pierre (l'homo magnanimus), à Josette,
à mes frères, ma sœur, mon père et ma mère,
Mylène, Jean-Christophe et Romy.

Bloch père, pour se montrer royal jusqu'au bout envers les deux « labadens » de son fils, donna l'ordre d'apporter du champagne et annonça négligemment que, pour nous « régaler », il avait fait prendre trois fauteuils pour la représentation qu'une troupe d'opéra-comique donnait le soir même au Casino. Il regrettait de n'avoir pu avoir de loge. Elles étaient toutes prises. D'ailleurs il les avait souvent expérimentées, on était mieux à l'orchestre. Seulement, si le défaut de son fils, c'est-à-dire ce que son fils croyait invisible aux autres, était la grossièreté, celui du père était l'avarice. Aussi, c'est dans une carafe qu'il fit servir sous le nom de champagne un petit vin mousseux et sous celui de fauteuils d'orchestre il avait fait prendre des parterres qui coûtaient moitié moins, miraculeusement persuadé par l'intervention divine de son défaut que ni à table, ni au théâtre (où toutes les loges étaient vides) on ne s'apercevrait de la différence.

MARCEL PROUST

Celui qui l'a dit en premier, c'est papa : « La fourmi. » Sur un ton ni louangeur ni réprobateur. Celui d'une constatation amusée, peut-être. Et aussi sur le ton de qui n'est pas dupe : Je les vois, tous tes petits tas d'or… Je ne dis rien. Puisqu'il est bien connu que seule la vérité blesse.

Il y a aussi de l'admiration dans le ton de papa, quand il voit la manière dont je me débrouille. Pas de souci à se faire pour celle-là. Pas besoin d'économiser pour elle, pour le dur hiver après l'été, quand un vent glacé soufflera. Une fourmi.

Récemment je me suis aperçue que j'aurais aimé être née cigale.

1

Les enfances d'une radine

Avec Nathalie, quand on a dix ans, on vole. Tous les jours à la sortie du lycée on fait des expéditions à Euromarché. Ce qui me plaît dans le vol, c'est l'idée de ne pas payer : d'avoir gratuite cette chose neuve enveloppée de son emballage. Par contre, je n'aime pas la peur que produit le vol dans les minutes pendant lesquelles on sort du magasin, de la façon la moins remarquable possible. Le cœur bat aussi fort qu'au début de *Midnight Express* dont, à seize ans, j'ai adoré la musique ; les doigts tremblent et un faux sourire se crispe sur les lèvres tandis que la main, inconsciente de son mouvement, pousse sur le tapis noir la barre de chocolat à cinquante centimes que l'on paie pour passer impunément devant les caisses, les poches et les cartables pleins d'objets volés. Après, il faut s'avancer calmement jusqu'à la porte coulissante vitrée, la franchir, marcher d'un pas tranquille sur une dizaine de mètres, et alors seulement courir, courir comme une damnée.

Je ne fais pas ça pour le frisson. Je déteste. Si Nathalie pouvait voler pour moi, je m'en satisferais. Nathalie a beaucoup plus d'audace que moi. Alors que j'ai remarqué à un étalage une pile de paniers identiques à celui qu'elle a depuis quelques jours, elle me demande : « Ils te plaisent ? » Je réponds oui. Sans me prévenir autrement que par ce mot : « Prête ? », elle fonce, s'empare de l'un d'eux, et s'enfuit après m'avoir hurlé : « Cours ! » On se réfugie cinq cents mètres plus haut dans une boutique de chaussures, à bout de souffle, la gorge en feu, la peur au ventre. « Tu es folle ! dis-je. Folle, complètement folle ! » Pour toute réponse elle me tend l'objet du délit avec un large sourire. Il m'est difficile de rester fâchée. Maintenant j'ai un panier comme le sien, à la mode, qu'on porte sur l'épaule comme un sac grâce à sa longue lanière de cuir — un panier gratuit.

Qui s'habitue à avoir les choses gratuitement ne comprend plus pourquoi il devrait les payer.

Le plus grand nombre de nos vols s'accomplit au rayon papeterie. J'ai une fascination pour les crayons. Ce sont mes fétiches. Je les aime brillants, modernes, parés de jolies couleurs, pourvus de gommes et de mines de rechange. J'aime aussi les taille-crayons et tout ce qui remplit la trousse. Je vole également, pour mes frères, des livres d'enfants et de petits jouets, surtout des revolvers, dans leurs emballages de carton et plastique — tous les gadgets que nos parents ont toujours refusé d'acheter au supermarché. Il me semble que mes frères doivent avoir une enfance plus heureuse de ne pas en être privés.

Nathalie et moi avons découvert cette autre pratique : vider les poches de nos camarades.

C'est l'époque où l'on suspend les manteaux à une rangée de patères à l'extérieur de la salle de classe. Il suffit de demander à sortir pendant le cours parce qu'on a mal au ventre. Le silence règne dans les couloirs. Pas un être humain en vue, pas même la silhouette menaçante de l'horrible surveillant général à tête de hérisson. Une précaution s'impose : faire les manteaux d'une autre classe à un autre étage. On file à pas légers sur le parquet du couloir, on monte ou descend le grand escalier de pierre, on court dans un autre couloir désert et, tout en regardant à droite et à gauche, on passe vite la main dans les poches des manteaux accrochés aux patères. Le cœur bat à toute allure. Si l'on était surpris, il faudrait prendre l'air le plus innocent possible : « J'cherche mon kleenex, m'sieur. » Impossible d'imaginer ce qui arriverait s'il se révélait qu'on ne cherche pas dans les poches de son propre manteau et, d'ailleurs, pas à l'extérieur de sa classe.

À la fin d'un cours, Nathalie arbore un sourire triomphant. La chasse a été fructueuse : un billet de cinquante francs.

Dans mes pupilles s'allument des dollars comme chez les personnages de dessins animés. J'en ai des palpitations de peur, d'excitation, d'ivresse. « Cinquante francs ? Tu l'as pris ? — Ben oui ! » Elle rit de ma naïveté. « Mais qu'est-ce qu'on va en faire ? — Ben le partager, d'abord. » Si j'ai eu des scrupules, ils ont fondu à l'idée de ces vingt-cinq francs qui seraient bientôt miens. À la sortie des cours, on a couru à la confiserie juste en face du lycée. On n'a rien volé malgré le monde dans le magasin qui rendait le chapardage facile. On a rempli chacune un sachet en papier de frites acidulées, de guimauves, d'ours en chocolat, de cacahouètes en sucre et de rouleaux de réglisse. Plus de bonbons que je n'en avais jamais eu. Le total s'est monté à au moins deux ou trois francs. Nathalie a sorti de sa poche le billet de cinquante francs, sous l'œil étonné des confiseurs. Je l'ai regardée avec avidité tendre la main pour recevoir la monnaie. Dehors elle m'a donné ma part. Je n'avais jamais été aussi riche.

Au lycée, quelques jours après notre exploit, on a entendu une histoire qui se répandait comme une traînée de poudre. Une petite fille s'était fait voler dans la poche de son manteau cinquante francs qui représentaient ses économies d'un an. Elle avait cette somme avec elle pour acheter ce jour-là, après les cours, les cadeaux de Noël pour toute sa famille. Il me semble même qu'il s'agissait d'une petite fille pauvre, la fille d'une concierge ou d'une femme de ménage. Depuis le vol elle restait chez elle, malade. Tout le lycée s'indignait : qui étaient ces immondes dévaliseurs d'enfants ? On nous recommandait d'être vigilants.

Nathalie et moi avons pris des airs horrifiés.

J'ai été véritablement horrifiée. J'ai pensé à la petite fille trouvant sa poche vide en sortant de cours — à son chagrin.

J'ai pensé aussi à notre fanfaronnade dans la confiserie : comme on avait été imprudentes !

Pendant des semaines je ne suis pas retournée chez les confiseurs.

Arielle L. Leur petite-fille. En huitième ou en septième, je suis dans sa classe. Comme sa mère travaille, elle va chez ses grands-parents après l'école et fait ses devoirs dans l'arrière-boutique. Je m'ennuie un peu avec elle. Elle ne vole pas. Elle n'aime pas lire. Je n'ai pas grand-chose à lui dire. Mais je l'accompagne à la sortie de l'école. Elle a l'accès libre aux bocaux de la confiserie. Elle tend la main et se sert. Ce geste me fascine. Elle me demande ce que je veux. Je ne vais jamais jusqu'au bout de mon désir, de crainte que ne se dévoile la vraie raison de ma présence.

« Veuillez nous suivre. » Ils nous attendent de l'autre côté des caisses. Deux hommes. Nous avons onze ans. Inutile de tenter de nous enfuir en courant.

Nous voilà dans une salle nue d'Euromarché avec deux inspecteurs. Silencieuses et au-delà de la terreur. Quelques mois plus tôt, une petite fille que Nathalie avait entraînée à voler un taille-crayon nous a dénoncées. Il s'est ensuivi une conférence téléphonique entre les deux familles : interdiction de nous voir, obligation de rentrer à la maison tout de suite après les cours et, à la moindre rechute dans le vol, la pension. Je n'ai que moyennement peur des menaces de mes parents, mais la mère de Nathalie, une corpulente Russe divorcée aux longs cheveux roux et à la voix rauque qui fume tout le temps, ne plaisante pas. Quand elle crie, elle est terrifiante. Il est hors de doute que sa fureur sera au-delà de ce que nous pouvons imaginer. Je le vois dans les yeux sombres de Nathalie.

Les inspecteurs fouillent méthodiquement nos cartables. Les objets saisis dans celui de Nathalie s'empilent sur une table. L'homme qui s'occupe du mien n'a encore rien trouvé. Accroupi, il ouvre ma trousse et en sort mes crayons. Je ricane : « Ouvrez le stylo pendant que vous y êtes. Il y a peut-être quelque chose à l'intérieur ! — Tu veux une fessée ? » On ne m'a jamais parlé sur ce ton. Je réponds et je sais qu'il va me la donner, déculottée. Les larmes jaillissent de mes yeux. Je les supplie de ne rien dire aux parents, je promets que je ne volerai plus, plus jamais. Nathalie, droite, les dents serrées, l'œil dur, ne dit pas un mot, ne verse pas une larme. Dehors, elle me reprochera violemment d'avoir pleuré devant eux et de m'être abaissée à les implorer. « Ah, tu faisais la maligne ! » s'exclame avec satisfaction l'inspecteur quand, m'ayant ôté mon manteau, il fouille les poches de ma blouse d'école et y trouve les crayons que j'ai volés.

Ils écrivent nos noms et nos adresses sur des formulaires qu'ils nous font signer et ils nous disent qu'ils vont alerter nos parents par la poste.

Le soir même, à la maison, je m'effondre.

Nathalie ne dit rien. Elle attend la lettre. Chaque soir elle rentre dans la terreur. Les jours, les semaines passent. Les parents n'ont rien reçu. Les inspecteurs d'Euromarché ont sans doute jugé que l'effet de la peur avait été assez puissant.

À dix ans, ma convoitise n'est pas pour l'argent même, mais pour le chocolat qu'il permet d'acheter.

J'ai cette passion en commun avec ma grand-mère paternelle. Je la vois seulement l'été et aux vacances de Pâques, en Bretagne, dans la grande maison de pierre près de la plage où elle habite toute l'année. Très diminuée depuis sa congestion cérébrale, elle ne peut plus lire et marche difficilement. Elle regarde la télévision. Elle fait lentement de petites promenades. Assise dans son fauteuil en bois sombre tapissé de velours côtelé beige, elle tape l'accoudoir en bois de sa main veinée et s'exclame d'une voix aiguë et frêle, comme une enfant qui se rebelle : « Je veux mourir ! Je veux en finir ! » Je ne sais pas quoi dire pour la réconforter. Sa vie doit être horriblement triste, seule toute l'année dans cette grande maison sans même pouvoir lire, avec juste son chien et la cuisinière.

Nos visites distraient et fatiguent ma grand-mère. Moi, je ne la fatigue pas. Je suis sa petite-fille préférée. La seule qui fasse attention à elle et qui lui donne un peu de mon temps si joyeux, si précieux, une heure dans ma journée. On va se promener ensemble. Elle s'appuie d'un côté sur moi, de l'autre sur sa canne en bois. On marche à tout petits pas. Nos promenades ont un but, toujours le même : soit le kiosque à journaux près du Grand Hôtel de la Mer, soit le magasin du boulevard de la Plage. Nous allons acheter du chocolat.

Un Nougati, un rocher praliné Suchard, un Mars ou une tablette Nestlé au riz soufflé. Nous le mangeons en chemin et nous en rapportons. De retour chez elle, ma grand-mère va cacher dans sa chambre ce qui lui reste. Elle n'a pas droit aux sucreries : si la cuisinière trouve le chocolat, elle le confisquera. Je regarde où ma grand-mère le cache. Grâce à sa congestion, elle a perdu la mémoire. Je n'ai donc aucun scrupule à retourner le lendemain dans sa chambre pendant qu'elle est en bas, devant la télévision, et à chercher sous la pile de draps dans le placard ou parmi les poudriers de la salle de bains. Je prends le chocolat caché.

Alors que nous partons pour une de nos promenades, ma grand-mère dit que nous devons d'abord passer chez oncle Paul. Il faut qu'elle lui demande de l'argent. Soupçonnée d'avoir donné de l'argent à tort et à travers, elle est maintenant sous la tutelle de son petit frère. Au bras l'une de l'autre, nous faisons notre entrée dans la belle demeure en pierre d'oncle Paul, toujours suprêmement élégant. « J'ai promis à la petite de lui offrir un cadeau », dit ma grand-mère. Je n'ai jamais entendu sa voix résonner ainsi : quémandeuse, suppliante, douloureuse de cette humiliation. Oncle Paul proteste et lui rappelle qu'elle est déjà venue deux jours plus tôt chercher de l'argent. « C'est mon argent ! » crie ma grand-mère, d'habitude si douce, avec cette colère que contenaient déjà les mots *Je veux mourir !* qui m'avaient fait si peur. « C'est mon argent et je fais ce que je veux avec, j'ai promis un cadeau à la petite ! »

Je garde la tête baissée. Je n'ose pas regarder oncle Paul. J'espère qu'il va céder. Sinon, pas de cadeau : on aura fait toute cette promenade pour rien.

Il cède. Humbles mais triomphantes, après des remerciements et la promesse qu'il n'y aura pas d'autre demande de toute la semaine, ma grand-mère et moi remontons le boulevard de la Plage. Elle marche lentement. Je refrène mon impatience. Sur les rayons du magasin, je cherche un cadeau. En dehors des seaux, des pelles et des bouées, il n'y a pas grand-chose : des maquettes de bateaux, des bateaux dans des bouteilles, des tableaux de coquillages, des goélands en plastique perchés sur des supports en bois et des poupées bretonnes de collection.

Je me décide pour une poupée avec une coiffe dans une boîte oblongue transparente, le genre de choses complètement inutiles qui, si une amie de mon autre grand-mère me l'offrait au retour d'un voyage, finirait sans doute dans une poubelle. Je n'ai aucun besoin de cette poupée, elle ne m'apporte rien, mais il m'est impossible de renoncer à un cadeau, et de dépenser pour ce cadeau moins que la somme qui m'était allouée.

Combien de fois ai-je accompagné ma grand-mère dans le but d'acheter du chocolat ? Pas si souvent, malgré ma gourmandise. J'étais du matin au soir sur la plage à laquelle on ne pouvait m'arracher. Quant à la fouille sous la pile de draps dans le placard à l'entrée de la chambre, là où je savais que se trouvait le chocolat caché la veille, elle a dû être unique.

Ces actes se distinguent avec des formes nettes et des couleurs fraîches sur le tableau plus confus de mes vacances d'enfance, sans doute parce que ma honte a été vive le jour où j'ai ouvert l'armoire, prête à dépouiller ma grand-mère du seul plaisir qui lui restait dans la vie, moi sa petite-fille préférée.

Une fois ou plus, il n'importe : je suis une fouilleuse d'armoire.

La dernière fois, c'est dans une grande librairie du Quartier latin. J'ai trente ans, je suis mariée, professeur d'université, auteur d'un roman. Je viens de passer les vacances de

Noël à Paris et repars demain pour New York. Je regarde les nouveautés sur les présentoirs. Un livre attire mon regard. L'auteur est un garçon dont j'ai été passionnément amoureuse quand j'avais dix-huit ans. La première page me plaît. Je le prends.

Je choisis plusieurs livres et les paie avec ma carte de crédit que le vendeur remarque parce qu'elle est américaine. Je suis habillée avec élégance, manteau en fausse fourrure et chapeau. Le vendeur est un beau jeune homme à l'air intelligent — sans doute un étudiant. On bavarde. Je lui apprends que je suis française, que je vis à New York, que j'enseigne à l'université, que j'écris moi aussi. Il approuve le choix du livre de mon ami, qu'il a lu. Je lui révèle avoir été en classe avec l'auteur : « On était toujours assis côte à côte, il prenait les cours en alexandrins, avec lui on ne s'ennuyait pas ! » Le jeune homme a l'air impressionné.

Je n'ai pas envie de quitter déjà cette librairie où les vendeurs sont si sympathiques. C'est là, me dis-je, que j'achèterai dorénavant tous mes livres à Paris. Je jette un dernier coup d'œil aux rayons. Je repère plusieurs ouvrages d'un écrivain dont j'avais beaucoup aimé un roman quelques années plus tôt. Ce sont de petits livres, relativement chers, sans doute parce qu'ils sont imprimés sur papier vélin et s'accompagnent de gravures. J'aurais préféré les trouver en poche. Je ne sais lequel choisir. Je remarque, sur l'un d'entre eux, que le code-barre est collé sur une étiquette au lieu d'être intégré à la quatrième de couverture comme pour les autres livres. L'idée me vient soudain de décoller l'étiquette et de voler ce livre, en achetant les deux autres. Avoir les trois livres pour le prix de deux me semble plus juste par rapport à la quantité de texte qu'ils contiennent.

Je soulève un coin de l'étiquette avec l'ongle de mon index et je tire doucement, mine de rien, pendant que je fais semblant de regarder des titres en rayon. L'opération achevée, je roule en boule le papier collant et le laisse tomber derrière un rayonnage. Le livre me semble maintenant dépouillé de sa protection électronique, prêt à être volé en toute sécurité. Je lâche une poignée de mon sac en plastique portant le logo de la librairie, plein des livres que j'ai payés tout à l'heure. Le nez en l'air, les yeux fixés sur un titre apparemment fascinant, je glisse discrètement le mince volume dans mon sac. Je refais la queue pour payer les deux autres. Il y a quelqu'un d'autre à la caisse, une fille. Les gens devant moi achètent leurs livres cadeaux pour les étrennes, qu'ils font envelopper de jolis papiers. Un homme s'avance trop près du portillon électronique et déclenche la sonnerie. Tout le monde le regarde. Il recule, s'excuse. La vendeuse lui sourit. Mon cœur bat à toute allure. Mes yeux sont fixés avec angoisse sur ces barres blanches qui encadrent la sortie. Je souhaiterais les avoir déjà franchies. J'ai terriblement peur. Mais c'est sans risque : je n'ai rien gardé de la dangereuse boulette. Il n'y a aucune raison que se déclenche l'épouvantable sonnerie dénonciatrice. Quelques années plus tôt, à New York, j'ai volé un gros pull en mohair noir après avoir remarqué qu'il était dépourvu de l'antivol en plastique blanc accroché à tous les autres vêtements du magasin. J'avais éprouvé une terreur identique au moment de sortir du magasin avec le pull que j'avais enfilé sous mon manteau dans une cabine d'essayage ; une minute plus tard je m'étais retrouvée dans la rue avec un magnifique pull de soixante-dix dollars, gratuit : je n'avais pas perdu ma journée. Je paie, souris à la vendeuse : non, inutile de me donner un autre sac, je vais rentrer les livres dans celui-ci.

Je fais un pas vers la sortie. Un second. Je franchis le portillon. La sonnerie se déclenche.

Au même instant des gens entrent et sortent. J'aurais pu m'arrêter, me tourner vers la caisse d'un air étonné et confus : « C'est moi ? » Il arrive à n'importe qui de déclencher une sonnerie en sortant d'un magasin avec des achats honnêtement payés — voire de glisser par inadvertance un livre dans son sac sans l'avoir payé. Mais je pense aussitôt que l'étiquette arrachée me trahit. Sans réfléchir davantage, je démarre au quart de tour. Je fonce ventre à terre, tourne à droite, descends en filant le boulevard, plein de touristes et de passants. Je les bouscule brutalement, sans m'excuser. Je n'ai jamais couru si vite, à si grandes enjambées. Je cours pour ma vie. Soudain une main s'abat sur mon épaule, m'agrippe. « Madame ! Vous avez volé quelque chose ! »

« Madame. » Je déteste ce mot. J'ai trente ans mais je ne peux pas m'y faire. Je me retourne. C'est le jeune homme de tout à l'heure. Il est en bras de chemise, manches retroussées, par un froid jour de décembre. Comme moi, il halète. Il est vraiment beau. « OK, dis-je d'une voix altérée par la honte et la peur : j'ai pris un livre sans payer. Je ne sais pas pourquoi j'ai fait ça. Je suis désolée, désolée. » Tout en prononçant ces mots j'ai conscience d'être minable. Je sors le livre du sac et le lui tends. Il y jette un coup d'œil. Puis il me demande d'ouvrir mon sac. « J'ai payé les autres : vous pouvez me faire confiance. — Parce que vous croyez qu'on peut vous faire confiance ! » Il ricane. Je garde les yeux baissés. Pendant deux minutes, debout face à lui au milieu du boulevard tandis que des gens passent sur notre gauche et notre droite en nous regardant, je subis en silence cette humiliation : le ticket de caisse en main, il compare le nombre de chiffres et de livres dans le sac. « C'est bon. » Il part avec le livre volé, après avoir ajouté : « Vous devriez avoir honte. Vous qui écrivez et qui connaissez les difficultés des petits éditeurs et des librairies indépendantes ! »

Je me retrouve sur le boulevard, presque titubante, le cœur vibrant d'émotion, les joues écarlates. Je sors une cigarette et l'allume en tremblant. Je tire dessus goulûment tout en m'éloignant à grands pas. Je marche longtemps sans savoir où je vais, en m'exclamant parfois à voix haute : « Oh mon Dieu, mon Dieu ! » Pendant le reste de la journée et le lendemain, tout souvenir de la scène rend mes joues brûlantes comme si l'on venait de me gifler.

Le lendemain, heureusement, je suis dans l'avion qui me ramène à New York et m'éloigne des lieux où j'ai donné à un homme mon nom, des informations sur mon passé, et le droit de me mépriser.

Je ne suis jamais retournée dans cette librairie. Je n'ai jamais lu le livre volé ce jour-là, ni les deux autres que j'avais payés. Je n'ai plus jamais volé.

Faux. Au supermarché, parfois, quand je remplis un caddy, je glisse un petit truc dans ma poche : un oignon à vingt-cinq centimes, une gousse d'ail, une boîte d'épices à quatre ou cinq francs. Toujours ça d'économisé.

J'ai un dernier aveu à faire. Terrible aussi, celui-là.

J'ai dix-neuf ans. Je passe le mois de juillet dans une maison de campagne à m'occuper de deux petites filles, royalement payée. Pendant la semaine je reste seule avec elles ; le week-end nous rejoignent la maman, une psychanalyste divorcée, et son compagnon. Je suis tombée amoureuse de la psychanalyste. Sa présence me cause des émotions terribles.

J'attends son arrivée avec une impatience ardente. Le soir, les adultes me convient à leur table. Ils ont des discussions intellectuelles que j'écoute à peine. Je souhaite seulement ne jamais cesser d'être auprès d'elle, de la voir et de l'entendre. Quand juillet s'achève, je suis épouvantablement triste.

En septembre, à Paris, le téléphone sonne. La psychanalyste me demande de garder ses filles le samedi qui vient.

Rien ne peut m'enchanter davantage. La revoir, découvrir les lieux où elle vit — entrer dans sa chambre !

Je passe de pièce en pièce dans l'appartement ancien plein de livres. Je regarde. C'est sur son bureau que je remarque, négligemment posé entre la lampe et un coupe-papier, le billet de cent francs. Il a l'air d'avoir été posé là — et oublié.

Pour laisser ainsi traîner cent francs, il faut ne pas faire attention à l'argent. Comment se rappellerait-elle ce billet ? D'ailleurs n'importe qui aurait pu le dérober : les petites filles, leur frère qui a mon âge ou la femme de ménage. C'est sans risque.

Je l'ai pris.

Pas mécontente de doubler ainsi mon salaire de baby-sitter.

Le soir, au moment de me payer, la psychanalyste m'a demandé de sa voix douce et rauque de fumeuse si je n'avais pas trouvé sur son bureau un billet de cent francs.

En rougissant j'ai répondu non. J'ai baissé les yeux. Il n'y avait plus rien à dire.

Elle avait peut-être laissé exprès le billet de cent francs : un test que j'avais réussi ou raté selon son attente.

Elle ne m'a plus demandé de m'occuper de ses filles. Je ne l'ai pas revue.

J'ai commencé à faire du baby-sitting l'été de mes onze ans. La jeune fille au pair espagnole embauchée par mes parents a pris la clef des champs : une catastrophe pour maman, qui voit ses vacances compromises. Nous, les filles, sommes assez grandes pour nous prendre en charge. Mais les garçons demandent une attention permanente.

Je m'occupe d'eux toute la journée sur la plage. J'ai ainsi une raison pour ne pas faire comme tous les jeunes de mon âge : quitter le club Mickey, les concours de châteaux de sable, les mamans et les familles, pour un bateau ballotté par les vents. Ma sœur, qui fait de la voile depuis des années et qui a le goût du risque et de l'aventure, ne coûte pas cher à nos parents : dès quatorze ans elle devient monitrice à l'école de voile. Moi, non seulement je ne leur coûte pas cher mais je leur fais faire des économies.

Papa et maman ne me paient pas. Percevoir un salaire pour s'occuper de ses frères n'est pas un concept qui rentre dans notre famille bourgeoise, catholique et juive. À la fin de l'été ils me font un cadeau. Le pouf moderne en skaï orange que ma sœur reçoit pour son anniversaire, ils me l'achètent aussi, en vert, pour mes services rendus. J'adore mon pouf : ma sœur a le même, et je l'ai gagné. Mais mon vrai salaire, ce sont les compliments prodigués par maman. « Elle est formidable. Il n'y a pas de meilleure baby-sitter qu'elle. Elle adore les enfants. Elle a tant de ressources pour les occuper ! »

Je ne sais pas si j'adore les enfants. J'aime le jeu, l'argent et les éloges de maman.

Mon premier baby-sitting payé, j'ai treize ans. Je suis à la montagne avec mes parents et ma sœur. J'ai enfin obtenu l'autorisation de ne plus faire de ski. J'ai peur de tout : de glisser, de tomber, et surtout, des remonte-pentes et des télésièges qui ne s'arrêtent pas le temps qu'on s'y assoie ou qu'on s'y accroche. Ma sœur me dit qu'elle a rencontré sur les pistes un Américain très sympa et bien embêté parce que sa fille vient d'attraper la grippe et qu'il aurait besoin d'une baby-sitter. Elle a pensé à moi et donné notre numéro.

J'attends l'appel. Rencontrer des Américains, gagner de l'argent, rentabiliser ces stupides vacances, voilà qui me plairait. Je demande dix fois à ma sœur : « Tu as bien dit que j'étais disponible et que je savais m'occuper d'enfants ? »

Il appelle. Dès le lendemain je vais là-bas. L'appartement est grand et bordélique. Il y a des skis, des chaussures de ski, des chaussettes et des fringues partout par terre. Les deux fils adolescents réclament de l'argent à leur père pour les forfaits et les sandwiches de midi. L'Américain sort de sa poche une liasse de billets de cent francs et en donne plusieurs à ses fils sans même les compter. Je regarde, bouche bée. Je n'ai jamais vu personne dispenser l'argent ainsi. Les fils sont à peine plus âgés que moi. Ils appartiennent évidemment à une autre race.

Je reste avec la petite fille de neuf ans. Elle ne parle pas le français et je ne parle pas l'anglais. Elle m'apprend des jeux. Pour le déjeuner, les parents nous ont laissé une grosse boîte de raviolis. Je ne sais pas utiliser l'ouvre-boîte : je n'ai jamais ouvert de boîte de conserve. Je ne sais pas non plus craquer des allumettes. La petite fille sait faire tout ça.

Ce n'est pas clair qui de nous deux garde l'autre mais c'est à moi que le père, à la fin de la semaine, remet une énorme somme avec une profusion de remerciements.

Je garde un bon souvenir des Américains. Je n'ai jamais eu d'aussi plaisantes et fructueuses vacances à la neige. Elles compensent les humiliations autrefois subies quand on me forçait à faire du ski et à passer les étoiles, et que, loin derrière le groupe d'enfants filant après le moniteur, je dérapais sur la pente glacée, le nez plein de morve, en pleurant et en appelant maman.

À quinze ans je suis jeune fille au pair dans une famille grande-bourgeoise. Pour huit cents francs le mois je m'occupe de quatre enfants sept jours sur sept de sept heures du matin à neuf heures du soir. Pendant la sieste du bébé je dois aider les trois filles à faire leurs devoirs de vacances pour que chaque minute de mon temps soit rentabilisée. J'ai l'interdiction de sortir le soir, même pour un petit tour sur le port. Je n'ai pas le droit au goûter que je prépare pour les filles. J'ai faim : il m'arrive de voler des bouts de pain ou des bouchées de la bouillie du bébé. Je n'ai pas le droit de m'éloigner de l'endroit qu'ils m'ont assigné sur la plage. La mère est sans cesse en train de récriminer : j'utilise trop de papier hygiénique, je perds trop de temps à amuser le bébé quand je lui donne à manger ou le mets sur le pot, etc. Par les cousins, j'ai appris que la jeune fille au pair de l'été précédent avait claqué la porte au bout d'une semaine. Vers la fin du mois, je rêve que je suis aux toilettes et je sens, dans mon rêve, l'urine chaude couler sur mes cuisses. Au réveil mes draps sont mouillés : ça ne m'était jamais arrivé. Je révèle l'accident à la mère, qui hurle et me ridiculise devant tout le monde parce que j'ai souillé le matelas. Je rédige ensuite mon testament : si je refais pipi au lit, je me jetterai de la mansarde de cette haute maison normande plutôt que d'affronter encore les cris horrifiés de la mère et les ricanements méprisants des filles.

Prête à mourir plutôt qu'à partir. Je n'ai pas appris à dire non. Ma mère dit qu'il faut aller jusqu'au bout de son engagement. Me retient aussi la pensée de ces huit cents francs auxquels je ne sais pas renoncer.

D'avoir été traitée comme une boniche, je n'ai plus supporté que l'employée de mes parents fasse mon lit ou range mes affaires.

Aujourd'hui encore, je n'arrive pas à prendre une femme de ménage — à embaucher quelqu'un pour nettoyer ma saleté.

Ou peut-être est-ce le prétexte que je me donne parce que je n'arrive pas à payer quelqu'un pour quelque chose que je peux très bien faire moi-même.

Je ne refuse jamais un baby-sitting, même si je suis épuisée. La tentation de gagner un peu plus est trop grande. Entre quinze et dix-neuf ans, je suis la baby-sitter attitrée d'un jeune couple qui habite un duplex au quinzième étage de notre immeuble. Il n'y a pas de livres chez eux, sauf des SAS dont je lis certains. Ils sont sportifs et sains. Leur réfrigérateur est désespérément vide hormis quelques yaourts nature, concombres et carottes. Je regarde leurs photos de vacances au panneau sur le mur. J'essaie d'imaginer la vie d'un jeune couple moderne, dynamique, sportif, sympa et pas intellectuel. Ils sortent beaucoup et rentrent tard : je m'enrichis grâce à eux.

La mère m'appelle souvent à la dernière minute. J'y vais toujours. Je fais dîner les gamins, je les couche. Vers minuit le petit a son cauchemar et il faut l'emmener faire pipi, tout groggy. Puis je m'endors sur le lit des parents dans leur chambre carrée, moderne, presque vide hormis le lit recouvert d'un couvre-lit blanc. Ils m'ont donné l'autorisation de m'allonger sur leur lit. Ils sont très cool. Quand j'ai trop froid, je me glisse sous le mince couvre-lit. J'ai souvent froid. Ils rentrent vers une heure ou deux heures, me réveillent, me paient, et je prends, à moitié endormie, l'ascenseur jusque chez moi où je me déshabille et me rendors pour me réveiller à six heures et demie du matin et quitter la maison à sept heures un quart.

Une nuit, je dors si profondément que je n'entends pas sonner les parents qui ont oublié les clefs. C'est le petit garçon de quatre ans qui leur ouvre la porte. Ils ont du mal à m'extirper de mon sommeil. Je suis horriblement gênée. Ils se contentent de rire.

Ils me paient généreusement, arrondissant souvent la somme.

Quand j'ai vingt ans, ils me demandent de garder les enfants la nuit du réveillon. Ils me paient cinq cents francs. Ils m'ont même laissé du saumon fumé. Mon petit ami vient me tenir compagnie. C'est un peu triste, à vingt ans, de passer la nuit du réveillon à faire du baby-sitting, mais je ne suis pas mécontente : cinq cents francs pour une nuit, c'est plus que rentable. C'est mieux que d'aller à une fête. De toute façon nous n'avions pas de plan.

2
Les bonnes affaires

Si grand-maman avait le choix entre deux choses apparemment semblables ou équivalentes, elle choisissait systématiquement la plus chère.

Il est certain qu'il n'y a, en ce monde, rien de gratuit.

Moi j'ai une attirance vertigineuse pour la bonne affaire.

Une amie âgée me rend visite à New York. L'Amérique étant la patrie des cow-boys et des jeans, elle a promis à son mari de lui rapporter un jean. « Ne l'achète pas par ici, dis-je, c'est hors de prix. Je connais des magasins très bon marché. C'est là que j'achète ceux de mon mari. — Tu es sûre ? » Je n'ai aucun doute. Elle me donne les mesures. Je trouve un jean à la bonne taille, de coupe classique, bleu, tout à fait correct, pour à peine vingt dollars. « Le même, signé Levi's, tu l'aurais payé le double ! » Je suis très fière de moi.

Il ne m'est pas venu à l'idée que l'étiquette Levi's pouvait avoir de l'importance — pas pour moi peut-être, mais pour la personne qui offrait ou celle à qui on offrait le jean.

À Paris, l'été suivant, quand je demanderai à mon amie si le jean allait bien à son mari, elle me répondra en riant : « Très bien, mais figure-toi qu'il était *made in Maroc*, comme tous ses jeans jusqu'à maintenant ! C'était bien la peine d'aller le chercher à New York ! »

Je ris aussi. Je ne sais pas si je perçois dans son rire le subtil reproche.

Peu après j'ai commencé à remarquer les étiquettes Levi's sur les jeans et à désirer un Levi's.

À New York, je ne me suis pas posé la question. J'ai abusé de mon autorité d'autochtone. J'ai décidé pour mon amie. Avec une idée en tête : lui faire faire des économies, à elle qui n'avait pas beaucoup d'argent. Ce qui, selon moi, ne pouvait que la rendre heureuse.

Je ne coûte pas cher. J'aime les distractions bon marché : la lecture (de livres empruntés dans les bibliothèques) ; le vélo (sur de vieilles bécanes achetées pour rien) ; la marche (avec la même paire de baskets depuis sept ou huit ans) ; la piscine (municipale, à deux euros l'entrée) ; les bains de mer (gratuits) sur une plage de nudistes (pas même la peine d'acheter un maillot).

En trente ans je suis allée deux fois chez le coiffeur : mes cheveux nature sont beaucoup plus beaux. Pas de maquillage — mes yeux sont trop fragiles. Juste un peu de rouge à lèvres, une seule couleur. Pour ma peau sèche, une crème hypo-allergénique à treize dollars dont un pot me dure presque un an.

Les conseils de beauté des magazines féminins ? Des trucs de bonimenteur. Une fois qu'on a mis le doigt dans l'engrenage c'est tout le bras qui part.

Mes seules dépenses, ce sont l'épilateur Philips qui m'épargne les séances aussi chères que douloureuses chez l'esthéticienne, et la brosse à dents électrique Braun qui, avec l'usage du fil dentaire, recule l'échéance horriblement coûteuse des implants pour remplacer les dents déchaussées.

J'ai toujours eu du mal à prendre un taxi, même à New York où ils sont bon marché, même à Prague où ils ne coûtent presque rien. Cela me paraît une dépense superflue. Je préfère marcher des heures, de nuit, jusqu'à n'en plus pouvoir. Ou attendre le métro à une heure du matin dans une station de Manhattan où un Asiatique aux yeux injectés se penche sur moi en me disant que je suis la seule personne sur le quai qui a l'air normal : maintenant que j'ai payé un dollar cinquante de ticket, il n'est pas question que je sorte, même pour échapper à ce fou. Ou, mieux encore, à minuit et demi à Paris, alors que la station où je comptais attraper le dernier métro est fermée pour cause de travaux, m'adresser à des inconnus rentrant dans une voiture : « Pardon messieurs, pourriez-vous me déposer à la station de métro en haut du boulevard ? Celle-ci est fermée et je crains de rater le dernier métro. » L'air étonné, ils me font monter à l'arrière : je me retrouve coincée entre deux hommes mûrs à l'haleine avinée. « Qu'est-ce qu'on fait d'elle ? » demande le conducteur après avoir démarré. Je me tais, terrifiée. Il n'y a pas grand-chose à dire : je me suis jetée dans la gueule du loup.

La voiture a dépassé depuis longtemps la station en haut du boulevard. Ils se disputent à mon propos. Les yeux baissés, je prie pour que l'emporte celui qui plaide ma cause. Soudain ils s'arrêtent et me larguent. Je ne sais pas où. Je m'en fous. Je n'en reviens pas de ma chance. Les rues sont désertes, pas un taxi en vue. Il n'est même pas certain que je l'aurais pris. J'ai repéré où j'étais. Je mets une heure et demie à rentrer à pied.

Il me faut avoir plus de bagages que je n'ai de mains et de dos pour me payer un taxi. Il me faut l'impossibilité de faire autrement. Je préfère changer trois fois de bus. Dès que je suis dans un taxi j'ai l'impression de me faire avoir. Mes yeux magnétiquement attirés par le compteur suivent le déroulement des chiffres. Il va bien vite : n'est-il pas truqué ? Le chauffeur a-t-il fait exprès de prendre cette voie embouteillée ? Est-ce à dessein qu'il accélère et freine brusquement juste avant le feu rouge ? Ou alors je me dis, une fois pour toutes, que je paierai ce qu'il faudra — je fixe dans ma tête un chiffre important — et je ne regarde plus le compteur. J'ai parfois, dans ce cas-là, la bonne surprise d'un prix moindre, qui représente par rapport à mon attente une économie. Dans tous les cas j'ai du mal à faire la conversation au chauffeur, même s'il est plein d'histoires fascinantes, et encore plus à lui laisser un pourboire. Je sens pour lui une hostilité sourde. Sauf si le tarif de la course est fixé à l'avance : alors je peux me détendre. Peu importent la durée du trajet et les détours.

J'ai passé mon permis à vingt-deux ans et j'ai parfois utilisé la voiture de maman, mais il a fallu que je m'y pousse : l'idée d'un accident, d'une éraflure, de réparations coûteuses, d'une augmentation de la police d'assurance de papa, de tous ces frais dont ils pourraient me faire un reproche, bloquait mon désir.

Mon frère, lui, a emprunté dès l'âge de dix-huit ans et plusieurs fois cassé les voitures de papa et maman. Il a accumulé sans scrupule les amendes qu'ils payaient pour lui ou faisaient sauter. La voiture existait, il en avait besoin pour sortir le soir : son usage s'imposait logiquement. Mon frère est quelqu'un de libre — me semble-t-il.

J'ai possédé deux voitures. La première quand j'avais vingt-quatre ans, dans la petite ville d'Amérique où j'habitais depuis un an. C'est une Chevette bleue que j'ai rachetée pour quatre cents dollars à des Français qui partaient. J'ai décidé cet achat presque contre moi, pour me forcer à vivre normalement, à avoir une jeunesse et mon indépendance : avec une voiture je pourrais aller à la mer, moi qui aimais la mer, me rendre la vie plus facile pour les courses et la lessive, et sortir le soir. À l'endroit où le conducteur pose ses pieds, l'ancien propriétaire de la Chevette avait mis des barres de fer pour recouvrir un grand trou dans la carrosserie rouillée. En roulant à une certaine vitesse il me fallait maintenir fermement le volant car la voiture tirait à gauche. Les freins ne paraissaient pas de toute sécurité. J'ai écrit aux Français pour leur dire qu'ils m'avaient laissé une carcasse pourrie qui ne valait pas quatre cents dollars. Ils ont accepté que je la paie cent cinquante.

J'ai bien profité de la Chevette pour aller à la plage, cet automne-là. J'ai passé de longues après-midi seule à lire au bord de l'eau et je me suis sentie très grande, très indépendante. J'ai aussi utilisé la Chevette pour rendre quelques visites nocturnes à un ancien amant.

Les ennuis ont commencé : la voiture enlevée devant chez moi parce que la rue a été nettoyée un vendredi où j'étais partie pour un long week-end. Il a fallu payer l'amende, le transport, cinq jours de garde —

deux cent cinquante dollars, plus cher que la voiture —, et affronter des types odieux, exigeant du liquide quand j'ai seulement ma carte de crédit, dans le *no man's land* où je me suis fait déposer par une collègue pour aller chercher ma petite Chevette. Puis une panne au centre-ville, un samedi à minuit, alors qu'il neige et que j'ai la grippe. Les gens klaxonnent derrière moi. Je pleure. On finit par m'aider à pousser la voiture sur le côté de la route. Deux jours plus tard un garagiste me met le marché en main : soit il répare le moteur pour deux cents dollars et je peux ensuite espérer vendre ma Chevette pour quatre ou cinq cents dollars car elle n'est pas en mauvais état, soit il me la rachète telle quelle pour cinquante dollars.

Il était plus logique de la faire réparer et de la vendre, mais je craignais d'être tentée de la garder pour moi et de me trouver bientôt engagée à d'autres dépenses. J'ai vendu la Chevette au garagiste pour cinquante dollars : le prix d'un vélo.

La seconde voiture, c'est une Honda Accord Deluxe, que mon mari trouve pour moi, d'occasion, quand je commence à enseigner et que j'ai besoin d'une voiture pour les trajets entre l'université et la petite maison qu'on loue au bord de la mer.

Il a choisi une voiture chère : cinq mille sept cents dollars. Je suis furieuse. Il m'assure que c'est une affaire. Il veut que je roule dans une bonne voiture, pour ma sécurité. Peut-être mais c'est moi qui la paie. Toutes mes économies américaines y passent. Je me moque des gadgets que contient cette voiture. Je suis sûre qu'on aurait pu trouver pour moins cher. Il est, me dis-je, comme tous les hommes, excité par les voitures et les gadgets. Il me fait payer la voiture qu'il désirerait posséder. Il ne comprend pas que je n'ai de ce point de vue aucun amour-propre. Je signe le chèque les lèvres pincées.

C'est vrai qu'elle est agréable, ma voiture. Elle se conduit avec plaisir. Elle a un pilotage automatique et l'air climatisé. Elle est confortable. Me voilà à nouveau très grande, très responsable et indépendante. Je peux sortir le soir seule si je veux, ramener des amis chez nous, aller chercher à la gare les hôtes de New York. C'est l'époque où nous sommes très « middle class » : la maison, le jardinet, les deux voitures rangées dans la contre-allée, la neige qu'il faut déblayer l'hiver.

Un an plus tard je m'écrase contre un poteau électrique que je déplace de vingt centimètres dans l'asphalte, transformant la voiture en accordéon. Je n'ai pas la ceinture de sécurité et brise le pare-brise avec ma tête. Je m'en sors miraculeusement : coma, contusions, crâne recousu, rien de cassé.

L'assurance m'envoie un chèque de six mille deux cents dollars pour la voiture qu'un an plus tôt j'avais payée cinq mille sept.

Je suis enchantée. Cette fois je félicite mon mari et le remercie. Il avait vraiment fait une bonne affaire. Mon compte en banque s'est nettement renfloué.

Je ne rachète pas de voiture. J'aime autant emprunter le bus qui passe près de chez nous, même s'il n'y a qu'un bus par heure, qu'il faut l'attendre dans le vent et le froid, et qu'il parcourt en quarante-cinq minutes le trajet qui me prenait dix minutes en voiture.

Je n'arrive à faire une grosse dépense que si je m'y suis autorisée par un raisonnement ou si cet achat répond à un défi que je me suis lancé : me prouver que moi aussi je sais être cigale, que moi aussi je peux jouir de la vie, que moi aussi je sais que l'argent sert à être dépensé et les beaux vêtements à orner mon corps.

Parfois j'achète seulement pour éviter d'acheter la même chose en plus cher. J'achète pour me prémunir contre la dépense et en finir avec mon désir : il est fatigant de penser jour et nuit à la chose qu'on convoite.

Il arrive que je reconnaisse après coup mon erreur, et que j'acquière la chose chère après l'ersatz bon marché. Il arrive que ma bonne affaire fasse parfaitement l'affaire.

Moi aussi je connais la fièvre d'acheter, cette passion féminine par excellence. Parfois je voudrais tout avoir : robe, chaussures, manteau, sac, chapeau. Tout à la mode, joli, dans de belles matières : mais pour pas cher ou moins cher. Comme ces maisons de poupées que je construisais, petite, et où tout ressemblait au vrai : de vrais petits lits de carton pour lesquels je découpais de vrais petits draps et cousais de vrais petits oreillers, de vraies petites tables avec de vraies petites assiettes et de vraies petites nappes… Contemplant mes maisons, j'imagine le plaisir qu'aurait tout enfant à jouer avec. Ainsi, maintenant, devant mes beaux habits obtenus pour rien ou pour moins, copies presque parfaites de ceux qui valent des fortunes, je me représente avec fierté cette image de moi qui ressemble à celle que l'on voit dans les magazines et qui m'a coûté tellement moins cher.

Je n'aime pas, toutefois, les vêtements trop bon marché. Je me suis souvent laissé séduire par leur étonnant prix. Le tissu n'était pas beau, ou la coupe — je ne les portais pas.

J'ai dit à mon mari : « Dorénavant, au lieu de dix fringues bon marché, j'en achèterai une seule, élégante et chère, qui changera ma garde-robe et qui m'embellira. — C'est une décision sage », a répondu mon mari.

Mais les choses chères aussi peuvent s'obtenir en solde. Il me semble stupide de les payer au prix fort.

Même pour mon mariage je n'y arrive pas. Ma grand-mère m'offre la robe : elle est prête à y mettre le prix. Mais je trouve scandaleux de payer une fortune un bout de tissu blanc porté un seul jour — de devenir la proie des vautours du bonheur.

Dans *Paris pas cher* j'ai repéré l'adresse d'une femme qui collectionne depuis vingt ans les robes de mariées. Elles s'entassent dans une pièce, chiffonnées, sales et déchirées. Une vraie salle au trésor. Je fouille, enchantée. Pour mille francs tout compris j'obtiens : une longue robe en moire, un voile de tulle avec une couronne de petites perles en toc, de longues mitaines en dentelle et des boucles d'oreilles blanches clinquantes imitant la perle — un vrai déguisement de mariée.

« Alors, ta robe ? C'est pour voir la robe de la mariée que les gens se déplacent ! » me dit une amie bourgeoise.

L'idée ne m'avait pas effleuré l'esprit. Je ressaie ma robe six jours avant le mariage et m'aperçois qu'elle est trop étroite au niveau des hanches et forme des plis dans mon dos. À l'église, c'est de dos qu'on me verra. J'apporte la robe chez un retoucheur qui décrète toute réparation impossible : il ne me reste qu'à maigrir. J'ai tout à coup des sueurs froides à l'idée de faire faire des centaines et des milliers de kilomètres à mes invités pour leur offrir le spectacle d'une mariée bon marché.

Tous les pays où j'ai vécu et ceux où j'ai voyagé ont été des mines de bonnes affaires.

Avant de quitter un pays pour un autre, je suis prise d'une frénésie d'achats, tant je crains de ne pas trouver dans le pays où je vais les bonnes affaires de celui d'où je pars.

Je visite les villes comme de grands marchés. Mon regard est magnétiquement attiré par les vitrines et les étalages. Je ne peux pas m'empêcher d'entrer, d'essayer, de comparer, de marchander — et j'arrive au musée à l'heure de la fermeture. Soulagement des soirs et des dimanches, quand les boutiques sont fermées : je peux enfin flâner, contempler les vieilles pierres, voir la ville, laisser mon regard s'ouvrir et se détendre.

Quand le grand magasin a fait faillite, je suis devenue vautour. Je me suis abattue avec passion sur le cadavre expirant. Je l'ai rongé jusqu'à l'os.

Cela a commencé par des soldes sur tous les articles. Puis il y a eu des réductions dégressives sur ce prix de solde. Au bout de deux mois, on ne payait plus que 20 % d'un prix déjà cassé, c'est-à-dire presque rien.

J'y vais tous les jours. Je n'arrive plus à quitter le magasin. Je cherche, je fouille. J'ai un plaisir fou. Il y a toujours quelque chose qui avait échappé à la chasse de la veille. J'achète des articles qu'il ne me serait pas venu à l'idée d'acquérir si l'écart entre leur prix d'origine et leur prix soldé ne les rendait soudain éminemment désirables. Ce n'est même plus la bonne affaire qui m'y pousse : c'est la peur de la laisser échapper. À ce prix, mieux vaut tout acheter pour ne pas avoir de regret.

J'ai jeté tant de choses achetées au grand magasin qu'en fin de compte celles gardées ou offertes ne me sont pas revenues bon marché si l'on fait la moyenne.

Prague. Pas le Prague pour touristes mais le petit bazar, dans un quartier sans touristes, que me fait découvrir ma propriétaire. Combien de tours j'y ai fait. Combien de trouvailles. Sur le moment j'hésite : ne suis-je pas en train d'acheter une vieille poterie, une assiette de porcelaine ébréchée, un plat en cristal kitsch tout juste bons à jeter ? Mais quand le paquet est ouvert dans la maison de mon hôte, quelque part en France ou en Amérique, l'objet produit le meilleur effet. On ne dirait pas que je l'ai payé quatre-vingts couronnes (deux euros trente). Parfois plus, quand même : un très bel objet peut aller jusqu'à six cents couronnes (dix-huit euros).

La plupart de mes bonnes affaires s'entassent au fond d'un placard : c'est la réserve à cadeaux. Ils y restent emballés parfois pendant des années. Quand je les y retrouve, parfaitement oubliés, j'ai du mal à les offrir — comme si j'avais peur, soudain, de m'en priver.

J'ai la passion de la réserve : des ressources cachées et inutilisées sur lesquelles reposer mon esprit comme sur de moelleux coussinets.

À l'époque où je fumais des Cartier-Menthol qu'on trouvait seulement en Suisse où je n'allais jamais et dans de rares endroits comme l'aéroport de Paris, j'en achetais plusieurs cartouches à chaque voyage ; je ne donnais jamais une de ces cigarettes tant je craignais d'épuiser ma réserve, et j'étais folle de rage si d'aventure mon mari m'en prenait une. Quand j'ai cessé de fumer, il me restait des tonnes de paquets : mon mari a dû fumer pendant des semaines ces cigarettes qu'il n'aimait guère et qu'il n'était pas question de jeter.

J'achète mes cadeaux tout au long de l'année, au fur et à mesure des bonnes affaires que je vois.

Il est rare que j'achète quelque chose pour quelqu'un en particulier. Je pense en général à deux ou trois personnes.

Je fais beaucoup de cadeaux. De ce point de vue je suis généreuse.

Je me défie de nommer un seul cadeau qui n'ait pas été une bonne affaire.

Pour la fille de la femme de ménage de papa et maman, j'ai acheté en Amérique une poupée Barbie avec costume et gadgets.

Mais c'est parce que les Barbie sont tellement moins chères aux États-Unis et que j'aurais rêvé que papa me rapporte la même quand j'étais petite.

De bonnes affaires, oui, mais encore fallait-il repérer la chose jolie et pas chère, avoir assez d'imagination pour décider de l'acheter sans savoir encore à qui elle serait destinée, et puis la transporter, sans l'abîmer, dans le pays où je l'offrirais.

Quand ma vieille amie me rend visite à New York, elle choisit les cadeaux pour sa famille au Metropolitan Museum, même si les objets et les jouets y sont plus chers qu'ailleurs : pour qu'ils viennent d'un endroit connu.

L'origine, elle le sait, est importante : elle témoigne de l'attention, de l'affection, du respect qu'on a pour quelqu'un.

Je le sais aussi. D'en avoir reçu, j'ai compris qu'on gagnait toujours à faire un beau cadeau : il vous revient comme un boomerang en effluves de reconnaissance. Au dernier moment, toutefois, je me ravise : cette bouteille soldée — mais dans une belle boîte — ou ce bouquet pas cher — mais joli — fera aussi bien l'affaire.

D'ailleurs il serait mesquin d'estimer son invité au prix du cadeau qu'il apporte !

Je n'ai jamais rien acheté sur une liste de mariage — ces listes où l'on déclare simplement le montant de son achat. Ce n'est pas suffisamment « personnel ».

Une amie m'invite à dîner chez elle. Elle s'est mariée huit mois plus tôt dans un des endroits les plus chics de Paris. Je n'étais pas en France et n'ai pas fait de cadeau. Elle possède sûrement tout : je ne vois pas ce que je pourrais lui offrir. J'entre dans la seule boutique bon marché du boulevard, où l'on ne vend que des choses laides. J'y trouve un objet laid et bon marché : un vase noir.

Un vase, me dis-je, est toujours utile, pour des gens qui reçoivent beaucoup. Noir, c'est original. Avec la couleur des fleurs, ça peut être joli.

Je me rappelle le prix : quatre-vingt-neuf francs.

Sur la liste de mariage, il n'y avait sûrement rien pour moins de deux cents francs. Amie d'enfance, je ne pouvais décemment rien choisir au-dessous de quatre cents francs, même si je n'assistais pas au mariage.

J'ai donc économisé trois cent onze francs.

Mais cette constatation n'est que très moyennement satisfaisante car ce cadeau laisse en moi la cicatrice à vif du fer rouge de la honte — comme le vol commis chez la psychanalyste il y a quinze ans.

Le cadeau vous marque. Une amie qui n'achète rien sinon chez les meilleurs faiseurs s'exclame devant mon cadeau : « C'est mignon, tu es gentille. » Le mignon, voilà ma mesure — qui devient plus tard, avec sa franchise coutumière : « Il y a chez toi un côté mièvre, cucul ; ça se voit dans tous ces horribles trucs que tu m'as offerts. »

Il y a mieux : fabriquer le cadeau soi-même. La matière première est bon marché et le cadeau, unique.

Pendant des années je mets à profit mes petits talents pour Noël et les anniversaires. Je fais des tonnes d'économies. Pour grand-maman, je dessine au crayon ou à la plume des dessins que j'encadre dans des sous-verres découpés chez le quincaillier, fixés au carton par de petites pinces bon marché. Pour papa et maman, j'écris des romans que je recopie dans de jolis cahiers chinois noir et rouge.

Très « Petite maison dans la prairie ».

Non seulement je ne dépense rien sinon le prix du cahier ou du cadre mais je reçois en plus une moisson de compliments : « Elle est si douée ! Elle a tant de cordes à son arc ! » Mes romans circulent. Mes dessins sont suspendus à côté des tableaux du salon. Ça me semble bien normal.

Le domaine où je brille le plus, le seul où je n'ai pas l'air radin, est celui des vêtements de bébé. Je ne crois pas que quiconque n'ayant pas d'enfant ait acheté plus d'habits de bébé que moi. Dans ce domaine j'ai du goût : ce que j'achète est joli. Ce sont, le plus souvent, des marques appréciées en France. Je fais sans cesse d'insoupçonnables bonnes affaires.

Alors qu'on raffole à Paris des salopettes Oshkosh rayées, j'en rapporte d'Amérique à tour de bras. Dès que j'en vois une en solde, je la prends. Il y aura toujours un bébé à qui la donner.

J'ai une réserve d'habits de bébé. J'oublie parfois de les offrir pendant des années.

Maman, elle, achète un ensemble chez Jacadi à prix d'or, qu'on peut changer si on veut.

3

Le restaurant : une affaire compliquée

Grand-maman est généreuse. C'est l'image d'elle qui domine. Elle aime faire profiter sa famille et ses amis des bonnes choses de la vie. Elle a travaillé toute sa vie pour en arriver là : pouvoir aller au restaurant sans compter et inviter ses amis.

Un dîner au restaurant : maman aussi n'a pas de plus grand plaisir dans la vie, mais sortir son carnet de chèques le ruine à moitié.

Maman est extrêmement radine pour certaines choses : par exemple la nourriture où elle bannit tout extra et ne jette aucun reste — dit-elle à cause de la guerre et des petits Chinois, mais surtout parce qu'on peut très bien composer un dîner de restes et que c'est toujours ça d'économisé. Dès qu'elle nous entend ouvrir le réfrigérateur, elle surgit tel un diable hors de sa boîte pour nous demander ce qu'on cherche. Elle nous signe plus facilement un chèque de mille francs qu'elle ne nous donne un yaourt, une gousse d'ail ou un quignon de pain. Elle n'a jamais sur elle les dix francs ou le ticket de métro dont on a besoin. Elle ne supporte pas que papa achète des croissants le dimanche matin — rien de meilleur que le pain frais — ni qu'on s'arrête pour déjeuner dans un restaurant de bord d'autoroute : c'est cher et pas bon. Avant chaque départ en vacances elle tartine énergiquement six sandwiches, alors même qu'elle n'en peut plus d'avoir à tartiner ces sandwiches.

Pendant des années je rêve d'un steak-frites dans un restau de bord d'autoroute : le luxe même. Vingt ans plus tard je suis incapable de me l'offrir : c'est cher et pas bon. Un sandwich préparé à la maison avant de partir, c'est bien meilleur.

Il est un domaine où maman est prodigue : les fringues. Elle renouvelle sa garde-robe chaque saison, n'achète que des habits de marque, dans les meilleurs tissus. Plus de la moitié de son salaire lui sert à s'habiller. Les habits remplissent ses placards. Pour faire de la place et soulager sa conscience, elle les donne ensuite à tour de bras, à ma sœur et moi, à des amies moins riches, à la femme de ménage.

C'est pour ça qu'elle travaille : pour avoir le droit de jeter son argent par les fenêtres en vêtements. C'est sa névrose, son plaisir. On n'a rien à y redire. On la mettrait dans une colère extrême.

La cigale, c'est maman, malgré ses zones de radinerie. Avec les fortunes qu'elle dépense en habits on aurait pu acheter des châteaux. Les châteaux n'intéressent pas maman. Elle n'a jamais voulu rien posséder. Elle n'a pas une âme de propriétaire.

Papa, lui, aurait une tendance facilement exploitable à la chasse dominicale aux croissants. Mais la fourmi, c'est lui. Il calcule. Il pense à l'avenir. Il investit l'argent. Il achète des appartements. Il garde les vieux bouts de ficelle au cas où.

Quand on demande à papa s'il a cinquante francs, il ne répond pas comme maman qu'il n'a pas un sou. Il sort de sa poche les billets attachés par une pince en argent. « Merci papa. — Ça s'appelle revient. — Mais oui, ne t'inquiète pas. »

On lui rend visite à l'hôpital après une opération ; la première chose qu'il dit quand on entre dans sa chambre : « Et mes cinquante francs ? »

Papa a une petitesse que je connais bien puisque c'est la mienne. Il lui est impossible d'être généreux jusqu'au bout. Il veut faire le bien, ne supporte pas la peine ou la misère de l'autre. Soudain jaillit un mot qui, trahissant une profonde et primitive méfiance, gâche les effets de sa générosité et bloque les élans de gratitude.

Lui et moi vérifions toujours l'addition dans les restaurants. On fait un calcul mental. On ne peut pas supporter d'être dupes. Maman, elle, croit sur parole le chiffre qu'on lui présente. Si elle découvre qu'on l'a dupée, elle n'en accusera que sa propre bêtise et se consolera en pensant que l'argent escroqué servira sûrement à quelqu'un qui en a plus besoin qu'elle.

Baudelaire dit que la peur d'être dupe caractérise le Français.

Le Français est calculateur et radin. On le reconnaît, à l'étranger, dans les bazars, discutant et grognant pour faire baisser les prix. Quand je voulais marchander, j'ai toujours dit que j'étais française. Avoir auprès de moi mon époux américain eût été une vraie catastrophe.

Être radin, ce n'est pas simplement avoir du mal à ouvrir sa bourse.

C'est autre chose dont je parle : une attitude de suspicion, de rétention, de calcul et de paranoïa.

Je la condamne et me bats contre elle. Il me semble qu'elle est une diminution d'être. Mais elle est un instinct premier. C'est elle qui fait que je me déteste. Je déteste ce regard torve tourné vers mon mari et ces mots qui l'agressent : « Tu as vérifié l'addition ? Combien ? Quoi ! Ce n'est pas possible. Il t'a complètement eu. Mais enfin, arrête d'être naïf comme ça, fais attention ! »

Quand je vois quelqu'un faire la manche, mon premier réflexe, c'est de dire non. Ils sont si nombreux, comment choisir ? Ma conscience réagit. Si j'ai de la monnaie, il m'arrive de revenir sur mes pas. Je préfère donner à ceux qui ne demandent rien. Parfois j'achète un journal des rues. Pas très souvent. Ça me donne bonne conscience. Dans le métro, un type gémit : le sida, pas de toit, un enfant à nourrir, etc. Je baisse les yeux et le laisse passer. La femme en vison, foulard Hermès et sac Vuitton assise à côté de moi me donne un coup de coude et s'exclame d'une voix qui cherche ma complicité : « Qu'est-ce qu'on en sait, après tout ? Hein ? On n'a pas moyen de vérifier. On pourrait tous raconter la même chose ! »

Je ne souris ni ne réponds, horrifiée d'avoir été unie à elle, à son idéologie du soupçon, à son atroce égoïsme aveugle, par mon refus de donner.

Je rêve d'avoir été éduquée ainsi : que papa et maman me tendent deux cents francs quand je leur dis que j'en ai besoin et qu'ils ne me demandent pas de les rembourser puisque je suis leur enfant. Avoir appris à donner sans même y penser à ceux que j'aime ou à ceux qui en ont besoin. Dire oui systématiquement.

Au lieu de quoi, le non systématique. Il est difficile d'apprendre la générosité. Il n'est rien que je désire tant.

Avoir une âme ouverte comme une maison où l'on peut toujours entrer pour se réchauffer, une âme-foyer, une âme hospitalière.

Longtemps je me demande si c'est le manque de générosité qui m'empêche de concevoir un enfant : je ne laisse pas sortir les œufs, je les retiens.

Il faut commencer par de toutes petites choses. Un soir, dans un bar, on rencontre un jeune Suisse qui gagne très bien sa vie. Au moment de régler l'addition, comme mon mari ouvre son portefeuille, le Suisse arrête le mouvement vers sa poche et remercie. Je suis furieuse : pourquoi paierions-nous le verre de ce jeune abruti que nous avons déjà invité à dîner chez nous et qui ne nous l'a même pas rendu ?

Ce qui m'irrite le plus, c'est de percevoir chez ce Suisse la même radinerie que chez moi. Je le sens qui se réjouit d'avoir, en nous rencontrant, économisé le prix modique de son verre. Ma mauvaise humeur fuse en petites remarques sèches dirigées contre mes deux compagnons.

Sur le chemin du retour, je vide mon cœur. Mon mari sourit. Voyant mon humeur tourner dans le bar, il a tout de suite compris pourquoi. C'est même la raison pour laquelle il est resté à bavarder si longuement avec le Suisse dont la conversation ne l'intéresse guère. Je m'exclame : « Mais pourquoi t'es-tu laissé faire ? Lui payer son verre, à lui qui gagne un énorme salaire ! Il exagère ! — C'est toi qui exagères », répond mon mari. Il pense que je dois apprendre à me détendre, à prendre les choses plus légèrement. Il n'y avait aucune raison qu'il lui paie son verre, et alors ? Dans la vie, il faut pouvoir payer le verre de quelqu'un qu'on n'aime pas quand on n'a aucune raison de le faire.

Qu'on ne se méprenne pas aux signes évidents de ma petitesse. Je sais me conduire. Si je sors avec un de mes étudiants boire un verre ou manger une pizza, je paie. Si l'on va dans un bar avec des amis qui ne sont pas riches, je m'assure que mon mari a réglé l'addition.

Rien ne m'irrite comme de devoir donner trente euros quand j'ai mangé et bu pour quinze. Cela m'agace tant que je préfère dîner seule, mon livre en main, dans un bistro pas cher, que de partager une joyeuse tablée. En voyage, à Paris, partout, je me sépare des groupes, prétextant mon goût de la solitude. Je n'aime pas payer pour les autres quand il n'y a pas de raison. Je ne suis pas un joyeux luron.

Un ami iranien me dit que le système occidental de partage l'indigne. Dans sa culture, payer pour tout le monde est un honneur qu'on se dispute. On est sûr d'être invité en retour. Ce système est beaucoup moins mesquin.

Je suis d'accord. Mais après, quand on se retrouve dans le bar où je bois un Coca tandis que son amie et lui, mes hôtes dans cette ville où je leur rends visite, ont pris des boissons alcoolisées beaucoup plus coûteuses, je n'arrive pas à les inviter comme je me l'étais promis : je pose un dollar sur la table, pour mon Coca.

Le lendemain, je leur achèterai une bouteille de champagne plus chère que le montant des consommations la veille : il n'y a pas d'addition sur la table, pas d'attente, c'est un acte libre de ma part.

Peu après avoir rencontré celui qui deviendra mon mari, je fais la connaissance de son ex, de passage dans la ville où il vit. En tête de table, elle ne cesse de parler et de rire. Quand arrive l'addition, elle s'en empare malgré les protestations. *Come on, guys !* Elle gagne sa vie maintenant, la voilà revenue sur son territoire, c'est à elle de payer.

Plus tard je rêve de cette fille : rayonnante, chaleureuse, entourée d'hommes qui la regardent fascinés ; mon futur mari, les yeux fixés sur elle, ne remarque même pas ma sortie d'un lieu où je n'ai évidemment rien à faire.

Pour notre mariage, l'ex de mon mari nous rapporte d'Europe centrale des verres à pied en cristal de Bohême : douze grands, douze moyens, douze petits, et les verres à eau. Elle, qui ne fait pas les choses en petit, a traversé l'Europe avec ses multitudes de boîtes. Nous ne possédons pas de plus beaux objets que ces verres.

Ils sont si beaux que nous les laisserons pendant des années dans leurs boîtes en carton tchèques, attendant l'installation stable et définitive. Quand, enfin, nous emménageons chez nous, nous ouvrons les huit boîtes de verres. Ils remplissent un placard. Il semble que l'occasion ne soit jamais assez belle pour les utiliser.

Il y a toujours, évidemment, la peur de les casser.

On les sort pour le réveillon. Ma belle-mère casse un verre. Elle pousse une exclamation désolée et dit qu'elle va en chercher un semblable. Mon regard sur elle, il faut le voir.

Il y a deux sortes de gens : ceux qui utilisent leurs beaux verres en toute occasion jusqu'à ce que le dernier soit cassé, et ceux qui les gardent en réserve pour une occasion vraiment exceptionnelle.

L'ex de mon mari les utiliserait, bien sûr. Elle n'aurait jamais rien d'assez beau pour ses invités. Pour elle, les choses sont faites pour qu'on en jouisse ensemble. Chez elle on est sûr d'être le bienvenu.

L'ex de mon mari est de passage à New York. Nous allons déjeuner dans un restaurant de son choix. Sont également présents son mari, sa sœur que je ne connaissais pas et le petit ami de cette dernière, un banquier. Mon mari au chômage et moi qui suis professeur sommes les moins riches à cette table. Quand arrive l'addition, mon mari s'en empare. Je m'étais mis d'accord avec lui : on paierait quoi qu'elle dise. Ma revanche sur elle.

Réclamer l'addition, poser sa carte de crédit sur la table et procurer aux autres convives le plaisir d'un repas gratuit octroie un pouvoir. Ce pouvoir donne du plaisir, et ce plaisir est égal ou supérieur à celui de se faire inviter.

Cela ne se vérifie que si l'on n'a aucune raison de payer pour l'autre.

Si l'on invite quelqu'un que l'on remercie, de qui l'on attend un service, ou sur qui l'on a une évidente supériorité financière, on se comporte décemment, c'est tout.

J'ai beau connaître ce plaisir qui vaut bien les dollars déboursés. Quelque chose me retient. « Pourquoi ? Mais pourquoi ? » demande la grenouille au scorpion qu'elle transporte sur l'autre rive et qui vient de la piquer, se condamnant ainsi à mort avec elle : « C'est dans ma nature », répond le scorpion avant de sombrer.

Par une belle nuit d'automne, je vais au restaurant avec mon frère qui vit à New York, sa petite amie et un copain à eux. La vie de mon frère est une succession de sorties dans des bars, clubs ou restaurants. Cela m'arrive rarement.

Nous allons partager l'addition et ce repas me reviendra beaucoup plus cher que si j'avais mangé la même chose seule. Je fais un travail mental et me rappelle les bonnes paroles de mon mari : il arrive que l'on paie quand il n'y a aucune raison, ce n'est pas grave, il faut pouvoir le faire. Pouvoir. Je veux pouvoir le faire. Je ne veux pas que mon frère et sa copine voient confirmés leurs préjugés contre moi. Je veux être cool, au-dessus de ces détails mesquins, passer une bonne soirée, détendue, reconnaissante à mon frère de me procurer ce plaisir new-yorkais, sans penser à l'addition qui va venir. Quand je devrai sortir mes quarante dollars au lieu des quinze pour lesquels j'aurai mangé et bu, je le ferai avec grâce. Cet effort vaut les vingt-cinq dollars en plus que je vais dépenser.

Je lutte avec moi avant même qu'on ait passé la commande.

Il est vrai que m'irrite la pensée que j'aurais pu aller dîner après la conférence avec l'organisateur qui m'a proposé de me joindre à eux : j'aurais eu un bon repas gratuit. Mais j'avais déjà prévu cette sortie avec mon frère. Et n'est-il pas plus sympathique d'être assise dehors à une terrasse avec des jeunes de mon âge que parmi des gens dont je suis de vingt ans la cadette ? Pas évident. La conversation de mon frère et de ses amis ne m'excite pas outre mesure.

Il faut faire contre mauvaise fortune bon cœur.

Ils meurent de faim tous les trois. Ils commandent des entrées et de gros steaks-frites à vingt dollars le plat. Moi, je me contente d'une grande salade.

J'espère ainsi : modérer leur choix (en cela, j'ai raté) ; les faire se rendre compte de la différence : ma salade coûte neuf dollars.

Ils choisissent une bouteille de vin, sans doute une bonne. En prévision de l'injustice à venir, je décide de goûter mon unique plaisir : un kir royal.

L'addition est sur la table. Ils ont, entretemps, commandé d'autres verres de vin.

Je n'y puis tenir. Je sors trente dollars de mon portefeuille : « Voilà pour moi », dis-je, sans ajouter ce qui est implicite : mon repas se montant à dix-huit dollars service compris, je pense que c'est suffisant. « Oh, mais bien sûr ! s'exclame le copain. Tu peux mettre moins, vingt dollars ! Moi j'ai beaucoup bu, il est normal que je paie plus. — Non, ça va », dis-je avec gêne.

Et voilà. Pour dix dollars de gagnés, j'ai réussi à paraître celle que je ne voulais pas : calculatrice et radine.

Mais il n'y a pas de raison que je lui paie son verre !

Après tout, que dire de la largesse qui consiste à profiter de l'argent des autres ?

Je préfère recevoir à la maison qu'aller au restaurant avec des amis. En Amérique, les invités apportent une bouteille de vin.

Je cuisine économiquement. Je connais quelques bonnes recettes, et une moisson de desserts maison qui épatent toujours les Américains. En France, pour impressionner ses invités, il faut leur servir des gâteaux de chez Lenôtre. Je traite bien mes convives et ça ne me revient pas cher, d'autant plus qu'il y a souvent des restes pour le lendemain, parfois même assez pour un autre dîner la semaine suivante. En attendant je congèle.

Parfois je prépare des plats qui ont l'air cher : des coquilles Saint-Jacques, une blanquette de veau. C'est parce que j'ai découvert les poissonniers de Chinatown, bien meilleur marché que les magasins près de chez moi, ou que le veau était en solde.

Il est vrai qu'entre le poisson, l'entrée, les quelques bouteilles et les petites courses annexes, un dîner à la maison finit par revenir plus cher que le restaurant où je ne paierais que ma part. Il faut ajouter la matinée de courses, l'après-midi de préparatifs et de ménage, et les rangements en fin de soirée : toute une journée de travail. Il n'importe. Je préfère recevoir. Contrôler les dépenses. Être la maîtresse de maison. Maîtriser la maisonnée.

J'ai une amie qui a peu d'argent et des tonnes de dettes à rembourser. Elle n'est jamais allée chez personne sans apporter une bonne bouteille — même quand elle se contentait d'accompagner des amis.

Je trouve cela admirable. C'est le contraire de mes frères et moi, qui espérons nous fondre dans la foule. Pourquoi apporter quelque chose si personne ne remarque qu'on n'apporte rien ?

Et pourquoi apporterais-je quelque chose, moi qui ne bois rien ?

Souvent nous prenons à papa la bouteille de vin ou de champagne que nous offrons à nos amis. Des bouteilles de papa, nous sommes prodigues.

Ma vieille amie qui me rend visite à New York boit beaucoup. Elle finit toutes les bouteilles dans le placard. Je l'appelle Madame Pop, pour le bruit du bouchon qui saute.

Elle qui, à Paris, doit choisir entre un livre ou un repas au restaurant, est venue avec une somme d'argent importante pour les musées, les taxis et les cadeaux. À la fin du séjour, il lui en reste beaucoup. Elle va le dépenser en me sortant : pour une fois qu'elle en a les moyens ! Je proteste : elle ferait mieux de le rapporter à Paris. « Mais non, dit-elle : amusons-nous, sortons ! »

Elle m'invite dans un restaurant français, dans un restaurant thaïlandais, dans un club de jazz, puis dans un autre restaurant. Ensuite, elle a juste de quoi se payer le taxi pour l'aéroport.

Nous déjeunons avant son départ d'une omelette et d'épinards. Je lui demande : « Tu veux du vin ? — Non, ça va... — Tu es sûre ? — Qu'est-ce que tu ferais de la bouteille ensuite ? Non, non, ce n'est pas la peine. » Je ne sais plus si j'ai ouvert la bouteille. Il me semble en effet que, pour ce dernier repas rapide, elle pourrait s'en passer.

Il y a entre nous une subtile pointe d'impatience, malgré le plaisir des deux semaines ensemble. Je sais pourquoi. Quatre soirs de suite je l'ai laissée m'inviter : je m'y suis habituée et n'ai plus protesté. Sans doute voit-elle maintenant à cet argent frivolement dépensé un autre usage possible.

À Paris, quand elle évoquera son séjour à New York, elle dira qu'il était merveilleux et qu'elle était ravie de pouvoir me sortir tous les soirs.

Tous les soirs. Je ne dis rien. Je souris, la remercie. Je vois bien qu'elle m'en veut.

On touche là un nouveau problème : celui que les généreux rencontrent avec les radins. Les radins sont indélicats. Ils voient la limite mais choisissent de l'ignorer. Ils tirent sur le pianiste.

Je ne comprenais pas l'expression mais me rappelle grand-maman disant : « Il ne faut pas tirer sur le pianiste, quand même ! »

Avec ma vieille amie, à New York, la vraie indélicatesse, ce n'est pas de l'avoir laissée payer quatre soirs de suite comme si une offre généreuse s'était transformée en dû. C'est mon regard sur la bouteille qu'elle s'apprête à déboucher. Ce sont mes paroles anodines : « Je suis désolée que ce ne soit pas du meilleur vin, mais aux États-Unis le vin est tellement cher ! Tu ne trouves pas une bouteille pour moins de cinq dollars : du vin qui coûterait un euro à Paris ! »

Le message est-il passé ?

Chaque fois que je vais dîner chez elle à Paris, ma vieille amie sort une bouteille de champagne, pour elle et moi. Parce qu'elle sait que le champagne est le seul alcool que j'apprécie vraiment.

Un soir où mon mari m'accompagne, elle extrait du placard une vieille bouteille de calva, rapportée de Normandie dix ans plus tôt. Voilà les soirées comme elle les aime, comme elle n'en a plus que rarement. Boire et parler, tard dans la nuit. Ne plus arrêter.

Moi qui reste sobre, je ne me laisse pas emporter.

4

L'omelette

Ma vieille amie sait que je suis radine et m'aime bien quand même. C'est une vraie amie.

Je suis radine mais j'aimerais ne pas l'être. La première victime de ma radinerie, c'est moi.

En effet je crois que vivre c'est dépenser, jouir, donner sans compter. Surtout, ne pas compter.

Je peux me mettre en colère contre moi. Je peux réagir contre. Il n'en reste pas moins : mon premier instinct, c'est d'être radine.

Je finirai comme grand-maman : invitant les autres, payant avec mon fric laborieusement économisé. Je serai la femme-qui-paie-plus-vite-que-son-ombre, mais je resterai la radine : celle qui calcule.

Mon frère cadet partage en deux une omelette préparée par un ami. Passant par là, je remarque qu'il a pris la moitié la plus grosse. Je ne peux m'empêcher d'intervenir : « Et si vous échangiez ? » Mon frère serre les dents, cherche ses mots, et articule froidement en me regardant dans les yeux : « Tu es la parcimonie incarnée. »

Je ris, mais blêmis. Pour une omelette par laquelle je ne suis pas concernée. La parcimonie. Le mot me va droit au cœur. Mon frère a bien visé.

Il se met en colère du soupçon implicite dans ma suggestion : « Et si vous échangiez ? » Pour remarquer que l'une des parts est plus grosse que l'autre et supposer qu'il a intentionnellement choisi la plus grosse, il faut avoir l'esprit petit, mesquin, parcimonieux.

La colère de mon frère le trahit en retour : pour voir ma petitesse, il faut porter cette petitesse en soi. Il a, comme moi, l'œil interne du calcul. Mais, en philosophe, il lutte contre lui-même, déterminé à ne pas se laisser avoir par sa petitesse. Il a peut-être, sans y penser, pris la plus grosse part d'omelette ; en vérité il s'en fout.

J'aimerais m'en foutre.

5

Business, luxe et volupté

Je suis bonne acheteuse, pas bonne vendeuse. Je sais cacher mon désir et dénigrer le bien de l'autre pour l'acquérir à bon prix. Mais mettre mon bien sur le marché m'angoisse. Il me suffit de posséder une chose pour qu'elle perde sa valeur.

Un attaché culturel à l'étranger s'indigne : l'écrivain célèbre qu'il a invité exige à la dernière minute un billet première classe, ou ne se déplacera pas. Quelle honte ! s'exclame l'attaché. Il hésite à annuler le programme, mais finit par trouver l'argent du billet.

Il se montre ensuite d'autant plus honoré de la visite de l'écrivain et le reçoit d'autant mieux qu'il a déboursé pour lui davantage.

C'est cela que je souhaiterais parvenir à faire : ne voyager qu'en première classe ou ne pas voyager du tout. Fixer mon prix.

Je suis, au contraire, étonnée et gênée de ce qu'on fait pour moi : je ne le vaux pas.

Je suis, en business, sans audace. J'ai l'attitude du fonctionnaire qui voit tomber chaque mois l'argent de son salaire.

Dans un livre de Pierre Bourdieu sur le capital symbolique, j'ai lu que la plupart des artistes et des écrivains étaient, statistiquement, fils et filles de professions libérales. Cela m'a fait peur. Je suis fonctionnaire et fille de fonctionnaires.

Un ami me dit : « Démissionne. Brûle les ponts derrière toi. Ton écriture changera radicalement. Tu t'assumeras. »

Je n'en suis pas capable. Il me faut un matelas en cas de chute.

Papa et maman sont très fiers quand ils voient mon premier article imprimé. Papa s'étonne quand même que je ne sois pas payée. Il y a, dans cet étonnement, comme une condescendance.

Qui ne demande rien n'a rien.

Je prends mon courage à deux mains et déclare au directeur de la revue que je souhaiterais être payée. Il me regarde d'un air amusé. « Payée ? Combien ? — Je ne sais pas, dis-je en rougissant. Mais j'ai une amie qui écrit pour un magazine et on la paie pour chaque article. Elle a reçu trois mille francs pour deux feuillets. — Quel magazine ? — *Glamour.* » Écarlate, je souhaiterais que la terre s'ouvre et m'engloutisse. Comparer *Glamour* et la prestigieuse revue littéraire qui publie mes articles ? Vais-je à jamais m'aliéner son directeur ? Je voudrais me rétracter. Il m'importe avant tout de publier. Je lui rends grâce de m'accepter. Il n'a pas besoin de me payer ! Il me sourit affectueusement et reprend doucement, comme pour me dessiller les yeux sans se fâcher de ma naïveté : « C'est une revue subventionnée, mon petit. Si vous avez besoin d'argent, dites-le-moi, je serai content de vous en donner. Vous voulez combien ? »

Il a sorti son carnet de chèques. Je suis pourpre. Me voilà en train de quémander les sous comme avec mes grand-mères. « Non, non, ce n'est pas ça, je n'ai pas besoin d'argent, je suis désolée, pardon. »

L'incident est clos. Il m'a tant coûté, tant humiliée, que d'argent je ne reparlerai pendant des années.

Publier un roman. De loin, certains croient qu'il s'agit d'une manne.

Lors de la signature du contrat, mon éditeur me signe un chèque de cinq mille francs. Lors de la sortie du livre, il me donne encore cinq mille francs. Ce n'est pas énorme mais déjà quelque chose. Une avance sur la vente. On publie mon premier roman à cinq mille exemplaires.

C'est mon père qui me le dit au téléphone, ayant ouvert mon courrier : « Cinq cent cinquante exemplaires vendus. Tu dois six mille francs à la maison d'édition. » Il se contente de constater. Il croit que je vais devoir rendre l'argent.

Cette petite phrase imprime profondément en moi la brûlure de l'humiliation. Je ne vaux même pas ce premier argent que j'ai gagné par mes mots. Je vaux à peine quatre mille francs. Il y a de quoi rire.

Je pense être le premier écrivain à qui cela arrive. L'échec me semble inscrit sur mon visage comme une marque de forçat. Je suis convaincue que tout le monde sait cela : que je suis en dette auprès de la maison d'édition, qu'ils m'ont donné dix mille francs en me faisant confiance (en faisant confiance au directeur de collection qui se portait garant), et qu'ils se sont trompés sur mon compte : j'ai trahi leur confiance.

J'ose à peine franchir le seuil de la maison d'édition. Je me sens comme une voleuse. Chaque mention de mon livre — et le constat tout simple de l'attachée de presse, « C'est un flop » — ravive la blessure. J'ai atrocement honte. Le petit nombre d'exemplaires vendus fait rire papa. Il ignore que son rire me déchire.

Le livre ne peut pas être bon puisqu'il ne se vend pas. Tout lecteur qui m'estime choit dans mon estime.

Je mets près de cinq ans à m'en remettre. J'ai peur que les portes me soient dorénavant fermées. Quel éditeur investirait dans ce mauvais placement, un écrivain sans lecteurs ?

La Pensée Universelle. Nous sommes en khâgne et pouffons de rire en tenant du bout des doigts comme un chiffon sale le roman publié à ses frais par un de nos camarades. Nous en lisons trois lignes. « Vite, mon Proust ! » crie l'un d'entre nous comme une dame du monde réclamant ses sels.

Nous ignorons que Proust a publié à compte d'auteur, chez Grasset, le premier tome de la *Recherche.*

Soutenue par mon mari, j'apprends les lois du marché. L'éditeur est un marchand. Ce n'est pas à lui d'estimer la valeur de mon œuvre. C'est à moi de fixer mon prix. De croire en moi.

Comme il est difficile de croire en soi ! Mais on y est obligé. C'est même un signe d'humilité. Ce serait une grande arrogance de renoncer à se vendre en se disant que l'immense valeur de son œuvre sautera aux yeux de la postérité. Cette posture peut se confondre avec l'aveuglement de la bêtise. Qu'on se le dise : il n'y a guère de génies méconnus.

Pour mon quatrième livre, déterminée à me battre, j'avertis le directeur de collection que je veux de l'argent. Il est d'accord. « On ne peut quand même pas demander cent mille francs, dit-il, mais cinquante mille... » Je cache ma surprise. Cent mille ? Je n'avais jamais pensé à demander tant. Cinquante mille me paraît énorme.

Je reçois le contrat avec une lettre aimable de l'éditeur où il n'est pas question d'argent.

Quelques années plus tôt une telle lettre m'eût portée aux nues. Maintenant je la tourne et la retourne, furibonde. Se moque-t-on de moi ?

Deux jours plus tard arrive une autre lettre, de l'assistant de l'éditeur, m'offrant vingt mille francs. L'argent est une chose qui se traite à part.

Folle de colère, je tape une longue lettre dans laquelle j'énumère mes griefs et exprime ma rancœur devant tant de radinerie.

« Non, dit mon mari. Tu remercies l'assistant de l'éditeur et tu lui signales simplement qu'il s'est trompé sur la somme dont vous étiez convenus. — Je ne suis convenue de rien avec lui ! Je ne l'ai jamais rencontré. — C'est la somme dont est convenu ton directeur de collection. Il parle au nom de la maison d'édition. »

Je n'ai jamais écrit de lettre si courte : « Cher untel, je vous remercie pour votre lettre du... et votre offre de vingt mille francs.

Mais c'est cinquante mille dont nous étions convenus. Je vous prie de croire, etc. »

Quand je suis passée à Paris, l'assistant de l'éditeur m'a dit, avec un large sourire, qu'il avait réussi, pour moi, à « obtenir » les cinquante mille francs.

« Demande deux cent mille, dit mon mari pour le livre suivant. Il faut demander beaucoup et négocier ensuite : c'est la seule manière de se faire remarquer. »

La somme me paraît exorbitante. Qui suis-je pour oser y prétendre ? J'ai peur qu'ils ne me rient au nez.

Mais c'est pour mon livre que je dois avoir le courage de « m'assumer », comme on n'hésite pas, pour son enfant, à sacrifier sa fierté. Je dois lui donner sa chance.

Au téléphone avec mon directeur de collection, j'indique le montant avec un petit rire gêné.

Il me rappelle le lendemain. L'éditeur a sauté au plafond : il n'en est pas question ; ce n'est même pas une base de négociation.

J'écoute, la mine froncée comme une petite fille qui tire sur le pianiste et qu'on réprimande.

Déjà prête à reculer, à me confondre en excuses.

« Pauvre éditeur, dit mon mari en riant : s'est-il fait une grosse bosse ? Bien sûr qu'il a sauté au plafond : c'est du business. »

Le business, donc.

Business. Le mot a un charme fou car il s'accompagne de l'image des grands hôtels avec lobby de marbre et fauteuils tapissés dans lesquels, confortablement installé, on boit un whisky *on the rocks* qu'un garçon aimable s'est empressé d'apporter, tout en écoutant la musique douce émanant d'un piano à queue derrière lequel est assis un discret virtuose récemment émigré de Russie. Limousines, taxis pris vingt fois la journée (existe-t-il dans les villes d'autres moyens de transport ?), clubs de sport luxueux, voyages en Concorde, hôtesses souriantes qui finiront dans votre lit si vous le souhaitez et vous servent en attendant du champagne français et des magrets de canard, vous bordent et vous chantent des berceuses (il suffit de voir la publicité British Airways dans les magazines, où une mère des années trente tient dans ses bras un petit businessman replet à moustache parfaitement détendu sur son siège), restaurants cinq étoiles où l'on mange et boit sans regarder les prix, costumes en laine d'Italie archi-fine, cravates à la pointe de la mode, assortiment raffiné des chaussettes en pur fil d'Écosse, chemises parfaitement repassées avec boutons de manchettes en or et en diamant, chaussures à mille euros la paire, Rolex tombant négligemment, virilement, sur le poignet, luxe de chaque détail. Dépenser sans compter. Mordre la vie à pleines dents.

Il est possible que la plupart de ces garçons sortis d'écoles commerciales qui gagnent à vingt-cinq ans des sommes colossales soient, pour la plupart, de petits péteux minables. Il est possible que l'argent me fascine parce que j'ai fait, moi, le choix du temps.

Mais la trempe de l'homme d'affaires — la dureté, la certitude, la confiance en soi, l'audace, le culot, la morgue qu'il faut avoir pour réussir en affaires —, je ne l'ai pas.

L'échec me déprime. Pas seulement le mien. Passant soir après soir devant un restaurant désert dont le patron mélancoliquement accoudé au comptoir pose sur moi un regard que n'anime pas un instant l'espoir de me voir entrer, je n'arrive pas à comprendre comment il ne s'est pas encore suicidé.

L'homme d'affaires est un joueur. Il pèse ses risques, calcule, mais il parie. Parier, c'est être prêt à perdre. Tout : ses biens, son argent, son amour, sa vie.

J'ai trop peur de perdre pour parier.

C'est ainsi que mon mari m'a « eue ». Il était, dès le départ, prêt à me perdre. Prêt à aucun compromis pour me garder. Il n'avait pas peur d'être seul. Il connaissait sa valeur. Cela m'a stupéfiée.

Le business : l'attitude de ceux qui dominent ; qui comptent, mais large ; qui gagnent, mais pas petit ; qui ont compris les règles fondamentales régissant le jeu de la vie et qui déplacent avec aisance leurs pions sur l'échiquier. « L'argent ! me dit une jeune banquière. C'est essentiel même si ça ne fait pas le bonheur. Mieux vaut être riche et heureux que pauvre et malheureux. Entre un shetland et un pull en cachemire, je préfère le cachemire ; entre un bijou de pacotille et un diamant : le diamant ; entre un manteau de fausse fourrure et un vison : le vison. »

La liste est longue. Ce qui est beau et bon coûte en général cher. Les meilleures places aux plus beaux concerts, les foies gras exquis, un jardin fleuri et silencieux, le soleil en hiver, une chambre avec vue.

Les premières années, il me suffit de voir mon mari dans le costume bleu foncé qu'il a acheté pour notre mariage et porte dans les occasions professionnelles importantes pour devenir complètement excitée.

Surtout si le cadre n'est pas celui de notre appartement mais celui d'un grand hôtel où je l'accompagne pour un congrès économique. Avec son badge et son air pressé, il est d'une beauté à gémir. Je voudrais le dévorer de baisers.

C'est ainsi que mon mari m'est apparu. Pas en costume, puisque je l'ai rencontré à une soirée d'étudiants — mais nimbé d'argent. J'avais vingt-cinq ans, partageais un appartement pas cher dans un quartier pauvre sans autres meubles que ceux qu'on avait trouvés dans la rue, roulais sur une vieille bécane et fréquentais des étudiants fauchés qui divisaient méticuleusement l'addition à la pizzeria.

Il m'a rendu visite. Il est arrivé dans une voiture neuve et le soir même m'a emmenée dîner à New York, à l'improviste. Il ne pouvait rien y avoir de plus excitant que cela : débarquer la nuit du samedi en plein Manhattan dans une belle voiture dont j'occupais le siège avant. Il a tout payé : les courses du pique-nique du samedi midi, le restaurant du samedi soir à New York. Le parfait gentleman.

À l'époque de la pauvreté étudiante, j'ai déjà un bon nombre d'économies, qui remontent aux années baby-sitting et n'ont fait que croître avec mon salaire de lectrice à l'université l'année précédente. Les économies sont sacrées : je n'y touche pas.

Ce que je verrai ensuite de mon futur mari confirmera l'impression de départ. Il n'aura pas de voiture, soit, celle qu'il conduisait ce premier week-end n'étant que louée. Mais il aura son appartement, pour lui seul, aussi grand que celui que je partage, avec de vrais meubles, un jardin, et, surtout, ces symboles de la modernité : grande télé, magnétoscope, chaîne hi-fi avec excellents haut-parleurs, machine à cappuccinos et autres gadgets. Enfin quelqu'un qui sait vivre.

Pierre. Sa différence nous frappe parmi les khâgneux dont certains sont pourtant tout à fait bizarres. Il porte des costumes élégants, des cravates, un long manteau noir, un chapeau noir, une canne. Il a les traits fins et racés et parle avec un accent qui lui vient du pays où il a grandi.

Pierre a dix-huit ans. J'en ai dix-neuf.

Nous savons qu'il est riche. Il possède déjà sa propre voiture, une R5 comme celle de ma mère, et vient en cours en voiture. Cela nous impressionne immensément. Pierre nourrit nos conversations.

Pierre, un soir, me raccompagne chez moi et me dit avec son accent exotique : « Je souhaiterais vous inviter à dîner. L'accepteriez-vous ? »

Pierre n'utilise que le vouvoiement. Je ne sais pas s'il s'adresse à moi seule ou m'inclut dans le groupe des amis. Il dissipe le malentendu : il souhaite m'inviter seule, en tête à tête. Immensément flattée, je bondis sur l'occasion :

« Pourquoi pas ce soir ?

— Pourquoi pas. »

Au lieu de m'installer à mon bureau pour faire du grec ou du latin, je repars avec Pierre en voiture. J'ai un fantastique sentiment d'aventure. Dans Paris, la nuit, assise à l'avant d'une voiture, à la recherche d'un restaurant, avec un garçon riche et raffiné qui m'a demandé la permission de m'inviter à dîner ! Je regarde Paris la nuit, le souffle coupé par tant de beauté. Je ne peux retenir une exclamation quand on longe une façade illuminée après avoir franchi une place que j'ignore être la place Vendôme : « C'est beau ! — Cela vous plaît ? On pourrait y manger. Le restaurant est dans une cave voûtée du XVIIe siècle, c'est joli. »

Pierre m'invite au restaurant de l'Intercontinental. Un maître d'hôtel en frac nous escorte à une table. Il nous appelle monsieur et madame. Je suis terriblement intimidée, ivre de luxe, épouvantablement heureuse.

Pendant le dîner, Pierre me raconte ses aventures homosexuelles, qui ont commencé quand il avait onze ans dans le collège de jésuites où il a été éduqué.

Les dîners chez Pierre sont des orgies de luxe et de raffinement. La nourriture, exquise, est servie par l'employée de maison. Nous mangeons avec des couverts en argent à une table couverte d'une nappe blanche brodée, éclairée par deux grands candélabres en argent. Pas de lumière électrique. Nous sommes dix, douze. Pierre aime les dîners où les convives sont nombreux.

Pierre m'annonce qu'il veut me faire un cadeau : il souhaite m'offrir une robe pour un dîner chez lui. Il me trouve belle mais mal habillée.

Je suis vexée. Pour Pierre je mets en général mes tenues les plus élégantes. « Mal habillée. » Pierre ne peut pas se tromper. Mais l'idée du cadeau me réjouit.

Le temps passe et l'offre ne se concrétise pas. Reviendrait-il sur sa parole ? A-t-il oublié ? Je suis inquiète. Je veux ma robe élégante. Je lui demande ce qu'il en est. Oui, je lui demande. À cela on reconnaît ma délicatesse. « Alors, cette robe que vous deviez m'acheter ? » Il est difficile à Pierre, courtois et gentleman, de se dérober à une question si directe. « Bientôt. » Il a dû remplacer la batterie de sa voiture, il est à court de liquide. Pierre, manquer d'argent ? Il est clair que je n'aurai pas ma robe.

Un après-midi, après les cours, alors que nous buvons un verre au Balzar, au moment de payer (il paie toujours), Pierre me demande : « Vous voulez aller acheter votre robe ? »

Il y a des offres qu'on ne peut pas refuser.

Nous allons en voiture rue de Grenelle. Je ne sais pas où est la rue de Grenelle, ni ce qu'est la rue de Grenelle. J'y vais pour la première fois. Nous entrons dans une boutique choisie par Pierre. Je ne suis encore jamais entrée dans une boutique aussi chère. Je souhaite y trouver quelque chose : je crains que Pierre, sortant d'ici, ne retombe sur terre et ne rétracte son offre folle.

J'essaie quelques vêtements, dont un magnifique chemisier rouge en soie moirée, à col chinois, avec un pantalon noir en soie sauvage. La vendeuse me prête des chaussures à talons, plus appropriées que mes chaussures plates. Je ne sais pas marcher avec et sors en vacillant de la cabine d'essayage pour me montrer à Pierre.

Il faut nous voir. Moi dans mes beaux atours plus élégants qu'aucun vêtement que j'aie jamais porté, les joues roses d'excitation, embellie par les habits et le regard que Pierre pose sur moi, regard de possesseur et de connaisseur. Pierre de dix-huit ans dans son manteau noir, avec son chapeau noir et sa canne, appuyé contre le mur de la boutique et fumant un gros cigare, Pierre à qui la vendeuse s'adresse avec respect :

« L'avantage de cette tenue, c'est qu'elle pourra remettre le chemisier avec un jean pour un simple dîner en ville.

— Je m'en moque, rétorque calmement Pierre de sa voix à l'accent étranger. C'est seulement pour un dîner. Peu importe ce qu'elle en fait après. »

La vendeuse écarquille les yeux et se tait. Je rougis en imaginant les questions qu'elle se pose. J'ai l'air d'une étudiante sage et Pierre parle de moi comme si j'étais une prostituée de luxe. Il en a acquis le droit. Il paie.

Quand on sort de la boutique, je porte le sac qui contient le pantalon noir et le chemisier de soie. Le souvenir du prix sur les étiquettes brûle en moi comme une marque de honte et me donne envie d'éclater de rire. Un mois de salaire au smic envolé en une tenue, pour une soirée. Je remercie Pierre avec un peu de gêne.

Le dîner a lieu. Tous savent que je vais porter les habits achetés par Pierre. Il le raconte sans grande discrétion. Tous croient que je couche avec lui. J'y gagne de la considération.

Pierre me regarde avec satisfaction. Il m'a créée. Il me trouve belle. Il a invité son professeur de philosophie, mon professeur de l'année passée, un homme d'une cinquantaine d'années dont le regard me terrifiait en me révélant ma nullité. Il avait, une fois, jeté sans un mot sur ma table une dissertation sanctionnée de la note la plus basse. À la récréation j'étais allée vomir.

Maintenant il me voit. Son regard exprime l'étonnement et l'admiration. « Vous étiez une petite fille, et vous êtes devenue une femme. — C'est grâce aux habits que je lui ai achetés », dit Pierre.

Je rougis d'être ainsi traitée en objet. Mais le professeur doit penser que je couche avec Pierre. J'en suis fière. Il a pour Pierre, cela se voit, un profond respect.

Vers deux ou trois heures du matin, Pierre et mon amie Claire, ivres et affalés sur le canapé, échangent à pleine bouche un long et langoureux baiser.

Je les regarde, figée, terriblement jalouse.

Je fais un dîner pour remercier Pierre de son cadeau. J'y invite Claire et le modèle que Pierre a rencontré dans un club gay et dont il est amoureux. Je veux que ce soit parfait. Je prête attention au moindre détail. Je sors les couverts d'argent de papa et maman, la vaisselle en porcelaine, les verres en cristal. Je cours chez Lenôtre acheter le sorbet, ainsi que les sablés pour l'accompagner — de vulgaires biscuits ne sauraient faire l'affaire.

J'ai une dispute avec papa et maman qui sortent ce soir-là et m'interdisent d'utiliser un objet dont j'ai besoin pour parfaire mon dîner. Je suis au bord de l'hystérie. Pierre va bientôt arriver. Papa et maman crient que je suis ridicule : on ne met pas ainsi les petits plats dans les grands pour des gamins de dix-huit ans ! Je pleure. Je les hais. Ils ne comprennent rien.

Dans un night-club, samedi soir, un inconnu s'est approché de Pierre et l'a complimenté sur sa cravate. Pierre dit qu'il a aussitôt dénoué sa cravate et l'a tendue à l'inconnu, le forçant à accepter ce cadeau.

C'est ainsi que l'on fait, dans le pays d'où il vient. Si quelqu'un vous dit que vous possédez une belle chose, vous la lui donnez.

Je complimente Pierre sur sa magnifique écharpe en cachemire vieux rose. Il me la donnerait bien, dit-il, mais il vexerait sa grand-mère qui vient de la lui offrir.

Longtemps je pense à ce geste de Pierre, dénouant sa cravate pour la donner à un inconnu.

C'est cela, me semble-t-il, la magnanimité.

Des années plus tard, ma mère s'exclame, en voyant un bijou que je porte : « Montre, c'est ravissant ! » C'est un médaillon plaqué or que j'ai acheté pour dix dollars au Mexique et qui a beaucoup d'effet : on me demande souvent d'où il vient. Après le compliment de maman, je reste douloureusement figée. Une heure passe avant que je l'ôte de mon cou et le lui tende : « Tiens, maman. »

C'est peut-être la seule fois où j'ai été capable de donner quelque chose qui allait me manquer, que je voulais pour moi.

Seul l'instant de la séparation m'a coûté. Après je me suis sentie plus légère — heureuse d'avoir pour une fois réussi à faire plaisir à ma mère en lui donnant quelque chose qu'elle aimait.

Renoncer. C'est peut-être, plus qu'offrir, le principe de la vraie générosité. Et d'une certaine liberté.

Moi je me précipite et je remplis mes poches, vite, avant que se referment les portes du royaume des fées — tant que c'est gratuit.

Grand-maman m'annonce qu'une vieille dame de sa connaissance veut me faire un cadeau. « Elle est venue ici, elle nous a raconté son histoire et tu l'as écoutée avec compassion. Elle est très malheureuse et très seule. »

Je ne me rappelle ni la vieille dame ni ma compassion. J'ai vingt-deux ans et autre chose en tête. Mais un cadeau, pourquoi pas ?

Je vais la voir. Elle habite un petit appartement sombre près de Passy. Le cadeau est une broche en or des années vingt, sertie de pierres précieuses, représentant une petite danseuse. Je ne porte pas ce genre de bijou, mais je la remercie vivement.

Je retourne chez la vieille dame, qui me raconte l'histoire tragique de sa vie. Pas d'autre amour que cet homme qui a brisé sa vie en l'abandonnant pour une secrétaire. Ensuite elle a vécu chez sa belle-mère avec sa fille, qu'elles ont éduquée ensemble. Comme elle était jolie, sa fille ! Comme elle était gaie ! Elle a mal tourné : des chagrins d'amour. Elle a commencé à se droguer. Elle est morte d'une overdose à trente ans.

La vieille dame pleure et je lui tiens la main.

Maintenant que sont mortes sa belle-mère et sa fille, il ne lui reste plus que ses sœurs. Ce sont des pestes qui n'ont aucune affection pour elle et qui espèrent seulement hériter d'elle. Mais elles ne toucheront pas un sou, pas un sou !

Comme je suis bonne et gentille de venir la voir, me dit la vieille dame d'une voix radoucie, les yeux pleins de larmes. Quand je pars, elle insiste pour me faire un cadeau. Après la broche, ce sont deux beaux livres reliés de cuir. Puis un billet de cent francs. Puis un chèque de cent francs.

Après l'avoir quittée, j'ai un sentiment de malaise. Je finis par ne plus l'appeler. De toute façon je pars en Amérique.

L'argent qu'elle me donne, je n'aurais pas été capable de le refuser. La vieille dame a dû sentir en moi le désir de cet argent-là.

Toujours ça de gagné.

Elle me dégoûte de me donner cet argent, et moi de l'accepter.

Grand-maman, Pierre, la vieille dame. Et Walter. Walter l'homme d'affaires autrichien.

L'automne de mes dix-neuf ans, je retourne à Vienne avec un étudiant laid qui partage ma passion mystique pour Wagner, Mahler et la Sachertorte.

Nous squattons chez des amies d'amis à lui sans nous demander si nous les dérangeons. Nous nous nourrissons de cassoulets en conserve. Notre maigre argent ne nous sert qu'à acheter des billets pour le poulailler de l'opéra où nous allons chaque soir dans nos plus beaux atours (l'étudiant porte même un frac) et, à la sortie de l'opéra, à nous rendre à l'hôtel Sacher où nous commandons dignement une Sachertorte et un Coca-Cola.

Je téléphone à Walter, mon amant de l'été, et lui annonce que je suis à Vienne. Il me donne rendez-vous dans un restaurant.

Quand je le vois s'avancer vers moi avec son front déjà dégarni et un peu de ventre, je sais que je ne l'aime pas. Il s'exclame que j'aurais dû le prévenir : il m'aurait logée à l'hôtel et m'aurait pris des places de parterre à l'opéra !

Je regrette presque de ne pas y avoir pensé. J'explique à Walter que l'étudiant n'est pas mon petit ami et ne m'attire pas du tout : l'amour de l'opéra nous a conduits ensemble à Vienne. Mais nous sommes si pauvres !

Je n'ai qu'une envie : qu'il me donne de l'argent.

Je passe deux jours avec Walter. Nous allons à l'hôtel. Nous mangeons dans de vrais restaurants. Il m'achète une paire de gants en cuir rouge dont j'ai envie. On ne fait pas l'amour parce que je ne le veux pas. Il y a un léger malaise entre nous, comme s'il avait compris pourquoi je l'avais appelé : pour profiter de lui.

Je retourne auprès de mon camarade avec de l'argent : il est pour nous, pour que nous le dépensions ensemble. Mon escapade a tourné la tête à l'étudiant. Convaincu que j'ai couché avec l'homme d'affaires autrichien, il tombe amoureux de moi.

Contrairement à Walter, l'étudiant amoureux ne pèche pas par la délicatesse. De retour à Paris, alors que, sortant mes clefs, je laisse tomber le billet de cinq cents francs qui représente mon argent de poche mensuel pour les sorties, les livres, les cigarettes et les sandwiches de midi, il le ramasse et refuse de me le rendre. Il prétend que c'est de l'argent que je lui dois : en Autriche il aurait dépensé plus que moi.

Je ne pourrais jamais être amoureuse de lui. Il est radin. La radinerie coupe mon désir.

La radinerie, pas la pauvreté. J'ai passionnément désiré Francesco, qui était pauvre.

Je n'ai pas couché avec l'homme d'affaires pakistanais qui m'avait envoyé des chocolats Godiva, habitait sur Park Avenue, payait au restaurant et voulait faire de moi sa maîtresse. Il était trop petit et déjà bedonnant.

En avril Walter m'a téléphoné. Pour me voir il a inventé un voyage d'affaires à Paris. Il est descendu au Méridien de la porte Maillot. J'étais flattée qu'il se déplace pour moi.

Depuis un mois j'avais un petit ami. J'étais sûre que Walter s'en réjouirait pour moi.

J'ai dormi avec lui dans sa chambre du Méridien. On a commencé à faire l'amour. J'ai pleuré. Walter s'est retiré.

Le lendemain on s'est baladés ensemble dans Paris. Il cherchait un cadeau pour sa petite fille de cinq ans. Moi aussi j'avais envie d'un cadeau. Si Walter n'a pas pensé à le proposer, je l'ai demandé. Je me suis fait offrir une paire de chaussures à brides en cuir bleu marine, à la mode, comme je n'avais pas les moyens de m'en acheter.

Walter voulait manger dans un restaurant français typique. Une idée m'est venue. « Je connais un endroit gastronomique, pas loin d'ici, où le cadre et la vue sont magnifiques, mais c'est un peu cher. D'un autre côté, tu verras ce qu'est un vrai restaurant français. — C'est là que tu veux manger ? Allons-y ! »

Il ne se doutait pas de la surprise que je lui avais préparée. Je l'ai mené à La Tour d'argent. Un temple du luxe dont j'avais entendu parler par ma grand-mère et où je n'avais jamais mis les pieds. Il fallait bien qu'un amant homme d'affaires me serve à quelque chose.

Le maître d'hôtel nous a donné une table avec vue sur Notre-Dame et la Seine. J'ai prétendu que je ne connaissais pas le français. Le regard du maître d'hôtel et des serveurs me faisait honte. J'étais habillée en écolière. Walter avait deux fois mon âge ; son attitude n'était pas celle d'un père. Pouvais-je être autre chose qu'une petite prostituée ?

Je me rappelle l'expression sur le visage de Walter quand le garçon a apporté l'addition — ses yeux écarquillés de surprise.

Je n'ai jamais revu Walter. Il m'a envoyé de Vienne une photo de sa petite fille dans les habits roses achetés à Paris.

J'avais réalisé mon désir : me faire inviter à La Tour d'argent. Pas trop fière de moi, quand même. Je ne l'ai pas crié sur les toits. L'histoire, plus tard, fera beaucoup rire un amant sans le sou.

En voyage, *Le Guide du routard* est ma bible.

L'usage illégitime d'une piscine dans un hôtel de luxe où je ne loge pas (il sert pour cela d'être blonde), alors que j'ai pris une chambre à dix euros dans une petite pension sans piscine, me procure un plaisir bien plus grand qu'une piscine à laquelle j'ai droit parce que je suis cliente de l'hôtel.

Dans un hôtel cher je demeure tendue, soucieuse de la moindre chose, sûre de ne pas en avoir pour mon argent. J'exige aigrement que soient modifiés les détails qui me dérangent. Mon mari, lui, demande avec un sourire aimable si par hasard il serait possible que… Je suis furieuse contre lui. Je préfère son attitude.

La différence entre mon mari et moi vient aussi du fait qu'il est américain. J'aime l'attitude américaine : payer avec le sourire, se faire avoir, trouver qu'on en a pour son argent, être content. L'argent sert à être dépensé. Le seul impératif, c'est le confort.

Peut-être les Américains, ignorants et sans goût, sont-ils les vrais aristocrates d'aujourd'hui.

Mon mari dépense sans compter ce qui contribue au bien-être, m'encourage à acheter ce qui me plaît, prend facilement des taxis, est généreux en pourboires. Mais il ne commet pas de folie. Au restaurant, le soir du réveillon, il ne commande pas pour moi la bouteille de champagne français à cent dix euros. Il m'invite à boire autre chose que mon habituelle eau plate : puisque j'aime les bulles, une bouteille de mousseux à quatorze euros.

L'idée d'un homme commandant pour moi la bouteille à cent dix euros me séduit, mais je ne le trouverais pas raisonnable, surtout si cet homme était mon mari et que nous faisions compte commun — d'ailleurs, s'il était mon mari, il ne serait pas capable de ce geste.

Pierre a une tout autre philosophie. Il a dû perdre ses habitudes de luxe après la faillite de son père. Il a appris à vivre plus simplement. Son salaire est celui d'un professeur, pas d'un banquier. Son ami non plus ne gagne pas des sommes énormes.

Ils voyagent. C'est un de leurs grands plaisirs. Pas aussi longtemps ni aussi souvent qu'ils le voudraient, car ils travaillent beaucoup. Ils s'offrent de petits week-ends ici et là et descendent dans le palace local à trois cent cinquante euros la nuit. En un week-end ils dépensent parfois presque un mois de salaire.

Je les envie d'être capables de payer une telle somme pour une nuit d'hôtel.

J'y dormirais mal, le prix me forçant à y bien dormir. Il faudrait y faire l'amour pour marquer cette chambre d'un souvenir et la rentabiliser. La pression couperait le désir.

Un tel prix pour une nuit me semble fou. On arrive dans l'après-midi, on va se promener et dîner en ville, on rentre à l'hôtel à minuit, on regarde les nouvelles en se déshabillant, on lit un peu, on s'endort, on se réveille à dix heures pour prendre le petit déjeuner, on a à peine le temps de se doucher : déjà il faut quitter la chambre. Pour en profiter il faudrait au moins deux nuits : doubler la somme !

Je préfère économiser pour acheter des appartements.

6

Propriétaire

Tous sont d'accord : il serait plus logique de nous installer dans le pays où nous vivons avant d'acheter quelque chose dans le pays où nous ne vivons pas. Nous n'avons même plus de chez-nous. Pendant que je passe l'été en France et prospecte à la recherche d'un appartement, mon mari est retourné vivre chez ses parents dans leur maison de briques du New Jersey.

Mon raisonnement est autre : mieux vaut commencer par l'inutile puisque le nécessaire viendra nécessairement. Si nous commençons par nous installer à New York, nous n'aurons jamais l'argent pour un appartement à Paris.

Notre plan, le voici : acheter à Paris d'abord. Puis acheter à New York quelques mois plus tard, dès qu'on aura amassé la somme pour la mise de départ.

Il faudra faire quelques sacrifices : pendant tout l'été, vivre séparément chacun dans nos familles aux frais de nos parents, tandis que nos salaires tomberont chaque mois sur nos comptes. Économiser jusqu'au dernier sou. Mais le jeu en vaut la chandelle.

Nous sommes deux jeunes gens d'à peine trente ans qui ont l'ambition d'acheter presque en même temps deux appartements dans deux des plus belles villes du monde. Nous ne parlons plus que d'argent.

Quelques années plus tôt j'ai rencontré à un colloque une fille splendide qui laissait derrière elle un sillon de désir et de parfum. Pas seulement belle, mais riche : elle possédait dans le Marais plusieurs appartements.

Une fortune familiale ? Elle a éclaté de rire : ses parents ne lui avaient jamais rien donné. Il était très simple de s'enrichir dans l'immobilier. Il suffisait d'y penser. Elle avait commencé par une petite chambre de bonne, achetée entièrement à crédit, retapée avec quelques copains et financée par la location. Elle l'avait vendue beaucoup plus cher grâce à la flambée de l'immobilier et avait utilisé son profit pour acquérir deux studios, dont la location qui remboursait les emprunts lui avait également fourni la mise de départ pour un trois-pièces, et ainsi de suite. Elle vivait gratuitement chez un homme deux fois plus âgé qu'elle, un père-amant, écrivait sa thèse et gérait ses appartements.

J'écoute cette fille, j'entends son rire, je regarde son épaisse chevelure brune, sa bouche sensuelle, ses longues jambes fines et ses chaussures dont les hauts talons claquent sur les planchers des salles de colloques, moi qui n'ai jamais porté que des chaussures plates. J'ai vingt-cinq ans et vis chez ma grand-mère. Je me sens terriblement scolaire, mesquine et bête.

À Paris j'ai toujours habité chez les autres : dans une chambre de bonne empruntée à Pierre, dans les studios successifs de mon petit ami, dans le studio en banlieue que papa m'avait laissé gratuitement, dans l'appartement de grand-maman en banlieue quand elle vivait à l'hôpital. Incapable d'habiter où je voulais et de payer un loyer quand je pouvais être logée gratuitement. Incapable de couper le cordon ombilical. Incapable de renoncer à économiser.

L'appartement de Paris, je l'achète contre moi : contre ma radinerie, contre ma peur de m'assumer. C'est un défi lancé à moi-même : me prouver que j'en suis capable, que moi aussi j'ai de l'audace et de l'imagination.

Je vais pouvoir passer mes nuits à flâner dans les vieux quartiers sans garder l'œil fixé sur ma montre pour ne pas rater le dernier métro ; manger au restaurant et danser en boîte avec des amis. Après toutes ces sages années d'études, j'aurai enfin une jeunesse à Paris. Je vais grandir, m'émanciper, devenir une vraie personne, quitter papa-maman. Je vais faire l'expérience d'une liberté qui se reflétera dans mon écriture.

J'aurai mon lieu dans Paris et j'en serai propriétaire puisque je n'arrive pas à dépenser mon argent pour une location quand ce n'est pas absolument nécessaire.

Mais l'argent qui sert à acheter un appartement n'est jamais perdu : c'est un investissement.

J'énonce à voix haute et claire mes raisons d'ordre symbolique : un appartement à Paris, ce sera l'ancre me rattachant à la France que j'ai quittée pour épouser un Américain.

Il y a aussi ce que je ne dis pas : je ne veux pas que *mon* argent parte à New York et qu'il devienne *notre* argent.

Contrat de mariage. Les mots, quand je les ai entendus pour la première fois, m'ont semblé si molièresques que j'ai éclaté de rire. Pouvait-on parler d'argent quand on se mariait par amour ?

L'appartement de Paris sera donc *notre* appartement. Je fais ajouter par le notaire une mention : quatre cent mille francs proviennent d'économies réalisées avant le mariage et d'un héritage personnel, et m'appartiennent donc en propre. Cela pourra être prouvé le cas échéant.

Le cas échéant. Des mots qui respirent la confiance et la générosité.

Les choses se sont un peu gâtées, chez nous. À force de discuter seulement emprunts et appartements, on ne fait plus beaucoup l'amour.

Cet homme qui m'était apparu nimbé d'argent, à peine l'ai-je épousé qu'il est redevenu étudiant. Je lui tiens compte de chaque facture que je paie avec mes deniers.

Après tout, que sait-on de l'homme avec qui l'on vit ? Me reviennent des échos de faits divers : époux disparus avec l'argent du ménage, hommes-enfants irresponsables ouvrant sous les pas de leur famille des gouffres de dettes…

Avec l'appartement de Paris, j'assure mes arrières.

Cet été-là, je suis atteinte de fièvre immobilière. Je passe des heures à éplucher *De particulier à particulier,* des semaines à parcourir Paris d'appartement pourri en appartement pourri, des nuits à aménager des lieux dont la propriété virtuelle m'excite au point de n'en plus dormir.

Pour la somme dont je dispose, ils sont tous pourris, bien sûr. Ou modernes et moches, des tours en béton des années soixante. Je préfère vieux et pourris. Un lieu qui rebute au premier abord et qui laisse à l'investisseur intelligent que je suis une large marge de négociation.

Je finis par la trouver, ma bonne affaire.

L'annonce contenait ces mots doux à mon cœur : « Travaux à prévoir. »

Débouchant du métro sur une charmante place ombragée, j'éprouve un pressentiment qui, lorsque je vois l'appartement, se transforme en joie annonciatrice. Grand pour ses quarante-huit mètres carrés — pour une fois un propriétaire qui n'a pas menti sur la superficie —, très clair et, hormis les planchers, complètement pourri : pas touché depuis quarante ans. Il y a tout à faire. J'essaie de cacher mon excitation au propriétaire, un jeune homme timide qui n'a pas l'air au courant des prix du marché. Reprenant le métro, la pensée vertigineuse que je pourrais traverser en propriétaire cette place ombragée me grise d'une douce ivresse.

À la troisième visite je ne peux plus résister.

Maintenant qu'elles sont à moi, elles me semblent bien minables, ces trois petites pièces pourries. Commence le temps des travaux. Dès que j'entre dans l'appartement, mon cœur se serre.

L'entrepreneur m'accueille d'un air sombre. Il m'annonce chaque fois une triste découverte. Ici le plancher s'affaisse ; là le mur suinte l'humidité. Il n'a jamais vu un appartement si biscornu : pas un seul angle droit. « Vous avez de la chance que j'aie signé ce devis : ça va me coûter beaucoup plus cher que prévu ! »

Son baratin m'épuise. Il faudrait le féliciter, le payer de sourires et de compliments tout en exprimant ma volonté fermement. Je n'y arrive pas. J'ai constamment l'impression qu'il cherche à me duper. L'idée d'aller à l'appartement et de devoir me battre encore avec lui : un cauchemar.

Il a décidé qu'il fallait installer le chauffage central individuel parce que c'est sa spécialité. Je le regarde brûler au chalumeau les tuyaux de chauffage pour leur donner le bon angle, et percer les murs pour y passer les tuyaux. Cela semble aussi facile qu'un jeu d'enfants. J'aimerais savoir le faire. Tout faire moi-même. Ne payer que les matériaux.

Les murs n'étant pas compris dans le devis, je fais venir des entreprises qui m'annoncent des prix à s'arracher les cheveux. Je ne peux pas croire qu'il soit si cher de peindre des murs en blanc. C'est à cause des enduits : maintenant que j'ai décollé les papiers à la décolleuse, on voit toutes les fissures et les irrégularités de mes murs.

Une amie, par miracle, me donne le numéro de Bogdan.

Bogdan : un Albanais d'une cinquantaine d'années dont l'air doux et courtois m'inspire une sympathie immédiate. Il regarde mes murs. J'attends son verdict avec inquiétude. « Pas de problème », me traduit le fils de Bogdan, un adolescent parfaitement francisé. Je respire. C'est l'affaire d'une semaine. Je demande à quel prix. Le père et le fils discutent brièvement. « Trois cents francs par jour », répond le fils. Je réprime le sourire qui illumine mes yeux. Même s'il y met dix jours, ça ne fera que trois mille francs. Les entreprises demandaient un minimum de quinze mille. J'ai envie d'embrasser Bogdan. Vive les lois d'immigration qui permettent d'exploiter les sans-papiers albanais.

L'entrepreneur a fini ses travaux, Bogdan commence les siens. Je retourne à New York où m'attend mon mari.

Je débarque dans le studio qu'il loue depuis deux mois. Nous sommes au cœur de la ville, chez nous, dans un petit espace où nous ne possédons presque rien. Doux sentiment d'apesanteur matérielle. Paris, l'entrepreneur, le chauffage, le plancher qui s'affaisse,

Bogdan, la peinture, comme tout cela est loin ! Je n'ai aucune envie d'en entendre parler. Que tout se fasse sans moi, magiquement, pendant que mon esprit est ailleurs, repos, dans l'écriture.

On aura rarement été aussi heureux que dans le studio de New York.

Un an plus tard, je remets ça. Je parcours Manhattan à vélo d'appartement en appartement, en quête d'une bonne affaire.

Le lieu nous a éblouis. Un immense salon, lumineux, de splendides planchers de bois, une vaste cheminée, de hauts plafonds, de grandes fenêtres qui donnent sur des arbres. Le luxe, l'élégance, la splendeur. Le sang d'origine européenne de mon mari bout dans ses veines. Être chez nous ici ?

C'est la crise, et cet appartement n'est pas plus cher qu'un autre. Le propriétaire veut vendre très vite : nous sommes là juste au bon moment. À peine dans la rue, complètement excités, nous faisons notre offre à l'agent.

Tous ces achats, tout ce capitalisme. Nos amis s'étonnent, rient, se scandalisent : propriétaires de deux appartements, l'un à Paris, l'autre à New York ! À trente-deux ans à peine ! *Come on, give me a break !* Ils se moquent de nous, nous admirent, nous envient. Ils s'exclament en entrant dans l'immeuble, puis dans notre appartement : Splendide ! Combien ? Quoi ? Seulement ?

Car je dis tout de suite le prix ; j'ajoute qu'on a pris un emprunt sur trente ans avec des remboursements mensuels si importants qu'on peut à peine tenir jusqu'à la fin du mois. Ce n'est pas parce qu'on possède ce magnifique appartement qu'il faudrait croire qu'on est riches.

On rit, le jour du déménagement, quand on se retrouve chez nous, entre nos quelques caisses, dans notre immense salon. On arrive à peine à le croire. On est très contents de nous. On s'est débrouillés comme des chefs. Doublement propriétaires. Deux excellentes affaires. Rien de plus facile. Il suffit d'un peu d'imagination et d'esprit d'entreprise. On a bien profité de la récession. Depuis des années on se serre la ceinture mais ça valait le coup. Entre New York et Paris, la vraie vie peut enfin commencer.

L'appartement de Paris, je le loue quand je n'y suis pas, pour le rentabiliser.

Louer n'est pas sans souci.

Chaque été, à mon retour, je m'informe auprès des voisins si tout s'est bien passé. Lorsqu'on me dit que mon locataire était charmant et calme, j'ai presque envie de lui envoyer des bons points. Inquiétude énorme, par contre, quand ma vieille voisine de palier me demande : « C'est à des livreurs de pizzas que vous avez loué ? — Des livreurs de pizzas ? Non ! Deux étudiantes ! Pourquoi ? — J'avais cru. On m'a dit qu'ils livraient des pizzas la nuit. Remarquez, moi, je n'ai rien contre. Ça ne m'a pas dérangée du tout, pensez donc ! Je ne fais rien, j'ai toute la journée pour récupérer ! »

La quête d'un locataire m'angoisse immensément. J'ai l'impression que personne ne voudra de mon appartement. Je ne vois plus que ces petits défauts qui m'ont permis d'en mieux négocier l'achat. Je ne vois plus que les raisons de ne pas le désirer. Je le déteste. Je souhaiterais vendre immédiatement, à n'importe quel prix, juste pour ne plus y penser. Je n'en dors plus. Mon mari me rappelle que c'est chaque année pareil, et chaque année je trouve un locataire. D'ailleurs, si je n'en trouve pas, ce n'est pas un drame : l'appartement peut rester vide une année.

Mais non, il ne peut pas ! Cette idée m'est insupportable.

Par téléphone ou courrier électronique, mon locataire et moi souhaitons vivement faire connaissance.

Quand la rencontre a lieu, il m'est désagréable de voir, chez moi, ce barbu qui m'est étranger, qui a changé les meubles de place et étalé ses choses comme s'il était chez lui. Il me sourit beaucoup : je suis la propriétaire.

L'été, dès que j'entre dans mon appartement, je guette les dégâts.

En général il est propre et en ordre : mes locataires veulent récupérer leur caution. J'inspecte, de pièce en pièce. C'est joli chez moi. On s'y sent bien. Assise dans mon salon, un livre sur les genoux, je contemple, avec un contentement exquis de propriétaire, ma cheminée de marbre, mes étagères, mon plancher biseauté inondé de soleil. Levant les yeux au plafond j'ai un coup au cœur : une grande fissure — non, trois, qui n'étaient pas là l'an dernier.

Mes séjours à Paris se passent à courir de plombier en Castorama et d'Ikea en pressing, à contacter des peintres et des électriciens, à faire réviser la chaudière ou réparer la chasse d'eau, à racheter de la vaisselle ou un aspirateur, à écouter les plaintes des voisins, à payer les factures, à détartrer, à dévisser, à déboucher, à dépoussiérer, à frotter, à repeindre, à revernir, à nettoyer de fond en comble, à préparer l'appartement pour le nouveau locataire.

Je ne vais plus jamais voir une exposition.

Quand je sors dans le quartier, je marche le nez en l'air : les panneaux « À vendre » aux fenêtres des immeubles m'angoissent. Tout le monde, bien sûr, veut quitter le navire avant le naufrage : le charme de ce quartier est en toc, et les immeubles construits sur du gruyère. Les panneaux « Vendu » réchauffent mon cœur. Ah, on achète encore dans ce quartier, il est encore désirable.

Je suis beaucoup dans l'appartement mais je n'y vis pas. Je n'y écris pas. Pas le temps, pas la disponibilité nécessaires. Trop de problèmes matériels à régler.

Mes séjours à Paris se réduisent comme une peau de chagrin : je suis incapable de renoncer à louer.

De toute façon je n'aime plus Paris : je ne fais que m'y occuper de l'appartement.

Je n'aime l'appartement que quand il produit l'argent qui permettra de payer les travaux futurs et d'augmenter mes économies.

Vendre : le désir m'en vient vite. Me libérer de ce fardeau, retrouver le plaisir de flâner dans Paris, la légèreté, l'espace intérieur qui permet d'écrire.

Est-ce le moment de vendre ? Les prix sont bas. Et l'on dit que la pierre est encore le placement le plus sûr.

Il serait plus intelligent de profiter de la récession pour trouver un autre appartement qui n'ait pas le défaut principal du mien : sa localisation excentrée. Le cœur de Paris est accessible, je serais folle de ne pas saisir l'occasion.

À tout hasard j'achète *De particulier à particulier.* Je commence à visiter et trouve aussitôt l'appartement idéal : un petit deux-pièces sous les toits dans une rue piétonne derrière Saint-Eustache. Le cœur même de la ville. Un cinquième étage sans ascenseur, mais l'escalier est facile à monter. Joli, clair, et si peu cher. Je me vois y vivre. La lumière y pénètre de partout par les Velux percés dans le toit en pente. Une joie extrême me saisit à l'idée de posséder ce lieu si proche de la station Châtelet d'où rayonnent toutes les lignes de métro.

Partant le lendemain, je dois me décider vite. « Fiez-vous à votre instinct, me dit la propriétaire. Il vous plaît, n'hésitez pas. Si vous voulez le louer, vous n'aurez pas de problème. »

Je le crois. Localisation, la clef d'or de l'investissement immobilier. Les gens se battront pour avoir cet appartement. Je pourrai le louer très cher. C'est un achat intelligent. Il a des défauts, bien sûr, mais à ce prix je ne trouverai rien d'aussi joli et d'aussi central. Je suis tombée sur le cas idéal de propriétaires qui ont un besoin urgent de liquide parce qu'ils sont en train d'acheter un autre appartement : ils bradent.

En dix ans j'aurai remboursé mon emprunt. Les deux appartements assureront mon indépendance financière. Mon mari, toujours de bon conseil, pense que c'est un bon plan.

Je pars sans avoir signé. Je m'enfuis.

Pendant les seize heures de voyage, je me tourne et me retourne sur mon siège sans pouvoir dormir malgré le somnifère, l'esprit agrippé à la bonne affaire que je n'ai pas saisie, tandis que résonnent ces mots dans ma tête : « Mon petit puits de lumière. »

Nuit et jour j'y pense. J'en pleure. Je me réveille en pleine nuit, la rage au cœur. Comment ai-je pu laisser passer une aussi bonne affaire ? Où sont mon énergie, mon imagination, mon esprit d'entreprise ?

De mes parents j'hérite ces deux passions contradictoires : de mon père la passion des objets, des listes, de l'installation, de l'organisation, des calculs, de l'investissement, de la possession. De ma mère : la haine du matériel.

7
Écrire

Parfois je me demande si c'est par radinerie aussi que j'écris. Pour que rien ne se perde. Pour recycler, rentabiliser tout ce qui m'arrive. Pour amasser mon passé, le constituer en réserve sonnante et trébuchante. Pour y entrer comme dans une salle au trésor et contempler mes pièces d'or. Pour investir et faire fructifier mon capital de sensations et de douleurs.

Et aussi : parce que ça ne coûte rien. Parce qu'on peut écrire presque n'importe où et que c'est gratuit. Parce qu'en écrivant je ne dépense rien sauf mon temps et ne dépends que de moi.

Rien sauf mon temps et de l'encre : minime. Mon stylo à plume qui pisse l'encre, du moment qu'il écrit, je le vois encore neuf, comme l'oncle Picsou sa jaquette qui n'a que vingt ans. Du papier : aux États-Unis les blocs jaunes pas chers, à Prague les petits cahiers parfaits à huit couronnes pièce (vingt-cinq centimes d'euro), et le papier pour imprimer, pris gratuitement à l'université par moi ou par mon mari à son travail. Enfin, l'instrument nécessaire, l'ordinateur : ça aussi je le trouve d'occasion. Tant qu'il marche, il fait l'affaire. Je tape sur un vieil ordinateur portable acheté à peine cent dollars. Il avait été en location pendant trois ans. Le disque dur fait un drôle de bruit. Comme m'a dit la vendeuse : il durera ce qu'il durera. Ça fait cinq ans qu'il dure.

La seule dépense incompressible : l'encre pour l'imprimante DeskJet. Trente euros la cartouche qui permet d'imprimer mille cinq cents pages. Je réduis l'impression, m'habituant à me lire sur écran jusqu'au stade final du livre.

Les mots aussi, je les épargne. J'ai toujours peur d'en dire trop. Mon style est économe. La digression me fait horreur. Je vais droit au but. Je fouille mon sujet comme une vrille.

J'aimerais écrire des romans pleins de grands sentiments qui fassent pleurer les gens. Mais chez l'autre je débusque aussitôt ses plus mesquines pensées. Même ma vision du monde est celle d'une radine : je vois les êtres par leur petit côté.

Écrire est magique. J'ai beau me livrer, je ne donne rien de moi. Au contraire, plus je me livre et plus je me réserve. Je suis ailleurs. Pas celle qui est livrée, mais celle qui livre : la spéculatrice anonyme et invisible.

Même la perte n'en est pas une : à cette spéculation on ne peut que gagner. La souffrance est matière première. Tout négatif reconverti par l'écriture devient du positif.

La seule façon de vivre que je puisse concevoir.

Personne, rien ne peut atteindre cela : mon plaisir économique à écrire.

Chaque matin, seule, assise à mon bureau devant la fenêtre, face à mon ordinateur, je cultive mon jardin de mots.

Achevé d'imprimer
sur Roto-Page
par l'Imprimerie Floch
à Mayenne, le 4 février 2003.
Dépôt légal : février 2003.
1er dépôt légal : décembre 2002.
Numéro d'imprimeur : 56424.

ISBN 2-07-076815-5 / Imprimé en France.

123351